懐徳堂アーカイブ

懐徳堂の歴史を読む

湯浅邦弘・竹田健二 編著

大阪大学出版会

目次

●掲載した貴重資料の画像の内、特に注記のないものは、大阪大学附属図書館所蔵の「懐徳堂文庫」資料によるものである。
●「懐徳堂の大事件（江戸時代）」については、それぞれの項目の上段に、新田文庫本『懐徳堂紀年』の該当部およびその書き下し文を掲載する。
『懐徳堂紀年』の詳細については、本書二四頁～二八頁参照。

執筆分担
懐徳堂の大事件　江戸時代（竹田）
懐徳堂の大事件　明治・大正・昭和前期（湯浅）
よみがえる懐徳堂の編年史／『懐徳堂紀年』（竹田）
今に生きる懐徳堂（湯浅）
懐徳堂を知る／懐徳堂問答集（湯浅）

はじめに

古代ローマの高官マエケナス（Maecenas）は、芸術家を厚く庇護した人物として知られている。そこから、芸術文化活動の支援や擁護はフランス語で「メセナ（mécénat）」と呼ばれるようになった。江戸時代の大阪に、この「メセナ」活動を進めた人たちがいた。八代将軍吉宗の頃である。

享保九年（一七二四）、懐徳堂は大坂の五人の有力町人によって設立され、その運営も同志会という町人たちによって行われた。また、大正時代に再建された懐徳堂も、当時の政財界・言論界をあげて復興に取り組んだものである。

そして今、（財）懐徳堂記念会と大阪大学とが中心となって運営している懐徳堂事業にも、多くの個人会員、法人会員の支援がある。

江戸時代以来、懐徳堂を支える人々の運動は、ともに典型的なメセナ活動である。こうした活動に支えられ、懐徳堂には多くの貴重資料が残された。そして、それらを調査・研究する「アーカイブ（archive）」の仕事が精力的に続けられている。

平成十五年（二〇〇三）には、大阪大学懐徳堂文庫を開放し、貴重資料やデジタルコンテンツを展示解説する「アーカイブ講座」がはじめて開催された。

本書は、その成果を受けて、アーカイブという観点から懐徳堂の歴史とその魅力をまとめたものである。前半は、大正天皇に献上された懐徳堂の編年史『懐徳堂紀年《きねん》』に沿って、懐徳堂の大事件を順次とりあげた。後半は、懐徳堂の主要人物や主要資料を解説し、また、報道機関や一般の方からよく質問される事項を問答集としてまとめるなど、懐徳堂を知るための諸情報を記した。

懐徳堂の大事件

江戸時代

享保九年（一七二四）

懐徳堂の創設

懐徳堂と五同志

享保九年（一七二四）十一月、五同志を中心とする大坂町人たちが、尼崎町一丁目（現在の中央区今橋三丁目）に学舎を建て、三宅石庵《みやけせきあん》を教授として迎えた。懐徳堂の創設である。

五同志とは、中村良斎（三星屋武右衛門）・富永芳春（道明寺屋吉左衛門）・長崎克之（舟橋屋四郎右衛門）・吉田盈枝（備前屋吉兵衛。号は可久）・山中宗古（鴻池又四郎）の五人で、いずれも当時、大坂有数の大商人たちであった。

江戸時代の学校には、幕府直轄の昌平《しょうへい》坂《ざか》学問所（昌平黌《しょうへいこう》）、各藩が設立した藩校、民間の学者が自宅で門人たちを教育した私塾、寺子屋などがあるが、その中で懐徳堂は、町人たちが出資して運営した学校であるところに特色がある。

『懐徳堂紀年』享保九年の条

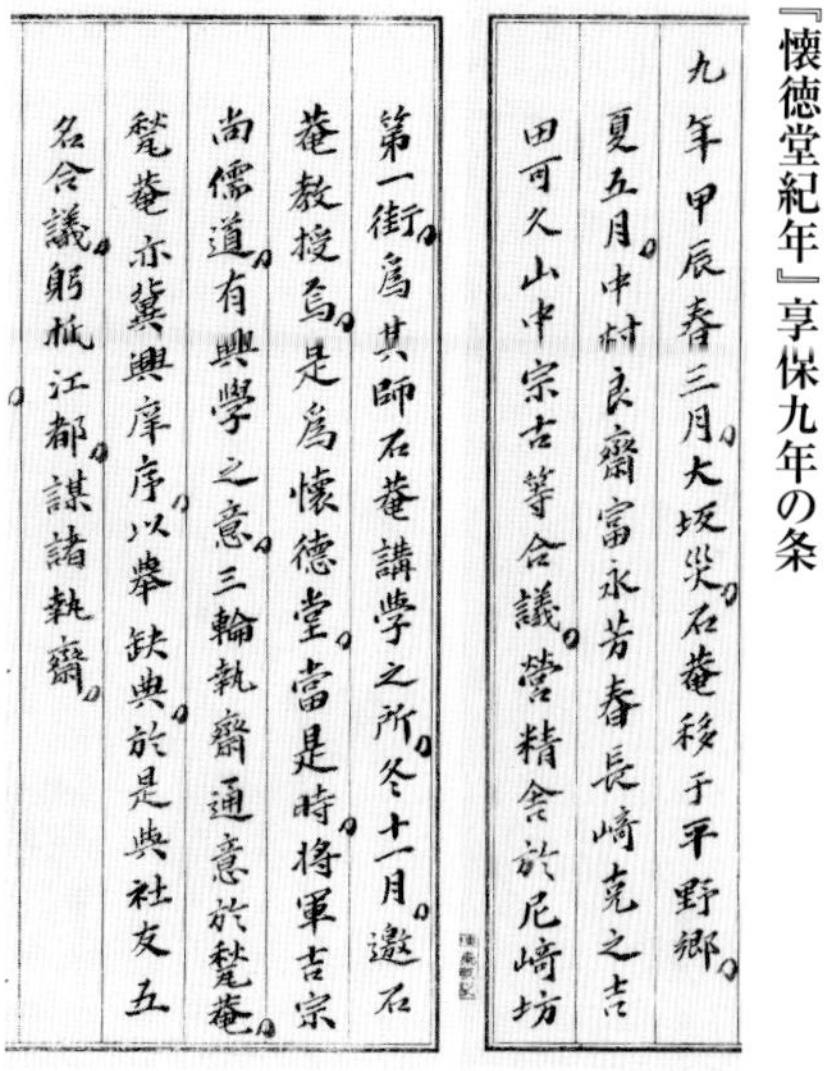
九年甲辰春三月大坂災石菴移于平野郷夏五月中村良齋富永芳春長崎克之吉田可久山中宗古等合議営精舎於尼崎坊第一街爲其師石菴講学之所冬十一月邀石菴教授爲是爲懐徳堂當是時将軍吉宗尚儒道有興学之意三輪執齋通意於甃菴甃菴亦冀興庠序以挙缺典於是与社友五名合議躬抵江都謀諸執齋

九年甲辰春三月、大坂災あり。石庵 平野郷に移る。夏五月、中村良斎・富永芳春・長崎克之・吉田可久・山中宗古等合議し、精舎を尼崎坊第一街に営み、其の師・石庵の講学の所と為す。冬十一月、石庵を教授に邀う。是れ懐徳堂為り。是の時に当り、将軍吉宗 儒道を尚び、学を興さんとするの意有り。三輪執斎 意を甃庵に通ず。甃庵も亦た庠序を興し、以て缺典を挙ぐるを冀う。是に於て社友五名と合議し、躬ら江都に抵りて、諸を執斎と謀る。

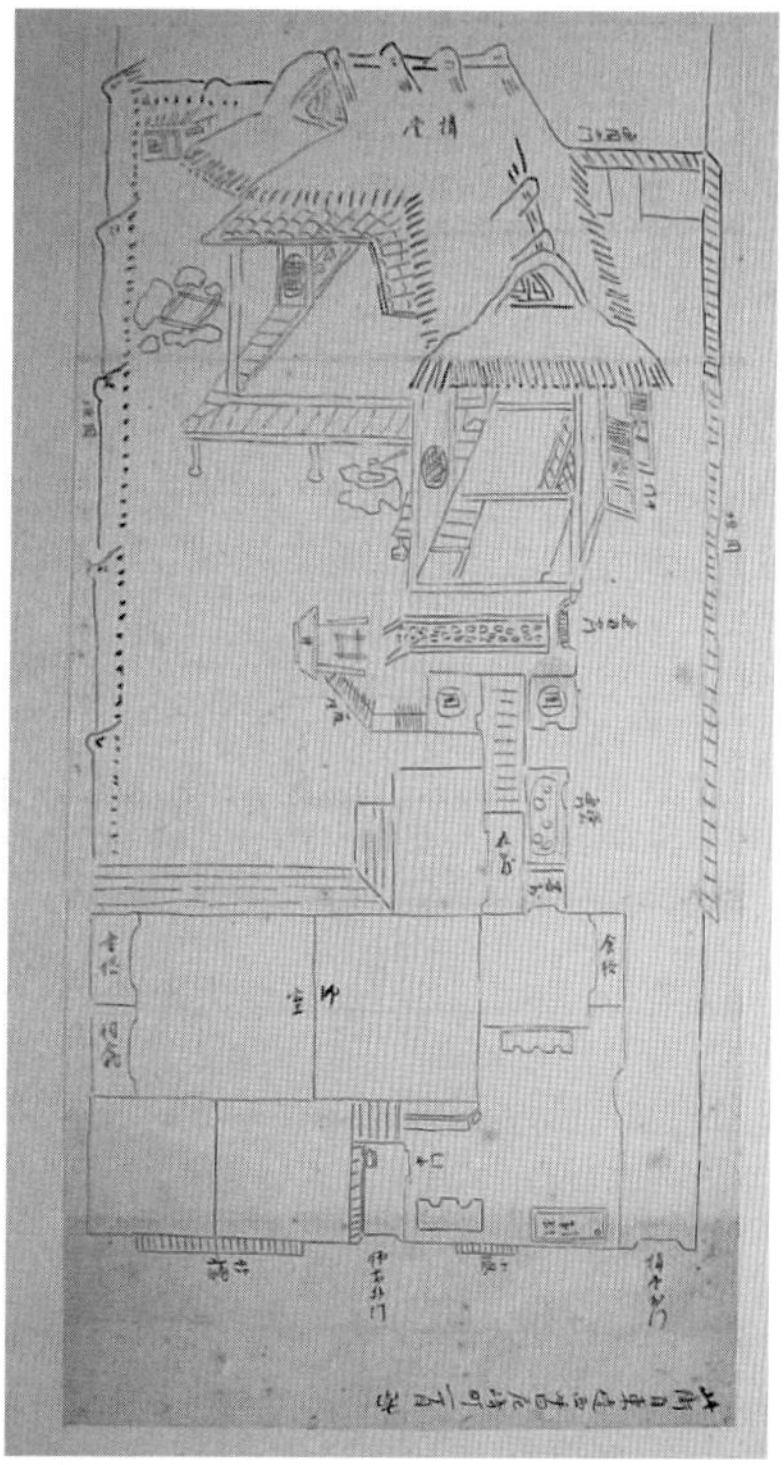
初期の懐徳堂の平面図。詳しい時期は不明。図は下が南で通りに面し、敷地北側の講堂に通ずる門がある。講堂は萱葺きだったらしい。

平野の含翠堂

懐徳堂にはモデルとなった学校が存在する。大坂南部の平野《ひらの》郷に、享保二年（一七一七）に創設された含翠堂《がんすいどう》である。含翠堂も、有志らの出資によって創建・運営されていた。その出資者には、五同志の一人である富永芳春も含まれている。

三宅石庵は、元禄十三年（一七〇〇）に讃岐から大坂に移り住み、尼崎町二丁目に私塾を開いた。この石庵の私塾は、正徳三年（一七一三）に安土町二丁目に移ったが、享保四年（一七一九）には高麗橋筋三丁目に移ったが、享保九年（一七二四）三月、妙知焼《みょうちやけ》と呼ばれる大火で焼失、石庵は大坂から平野に難を逃れた。石庵が懐徳堂に迎えられたのは、この年の十一月である。

含翠堂における伊藤東涯の講義の図（『摂津名所図会』より）。伊藤東涯は、享保12年と18年に含翠堂に招聘され、講義を行った。

「懐徳」の由来

「懐徳堂」の名前の由来については諸説あり、定かではない。『論語』里仁篇の「君子懐徳（君子は徳を懐《おも》う）」とするのが通説だが、『詩経』大雅・皇矣篇の「予懐明徳（予明徳を懐う）」、あるいは『書経』周書・洛誥の「懐徳（徳を懐わん）」とする説もある。

享保十一年（一七二六）

『懐徳堂紀年』享保十一年の条

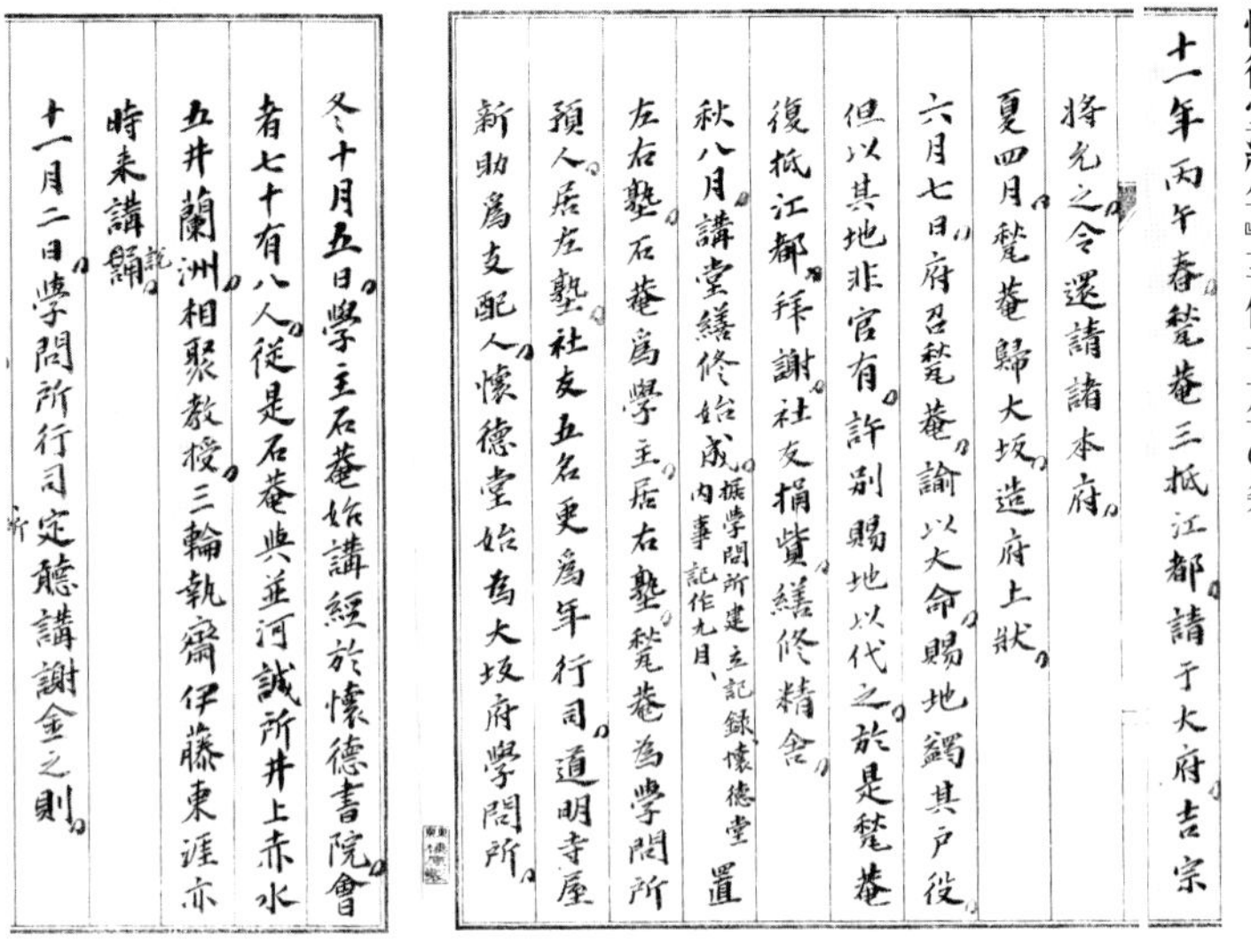

十一年丙午春甃菴三抵江都請于大府吉宗
将允之令還請諸本府
夏四月甃菴歸大坂造府上狀
六月七日府召甃菴諭以大命賜地蠲其戸役
但以其地非官有許别賜地以代之於是甃菴
復抵江都拜謝社友捐貲繕修精舍
秋八月講堂繕修始成〔據學問所建立記録懐徳堂内事記作九月、〕置
左右塾石菴爲學主居右塾甃菴爲學問所
預人居左塾社友五名更爲年行司道明寺屋
新助爲支配人懐德堂始爲大坂府學問所
冬十月五日學主石菴始講經於懐德書院會
者七十有八人從是石菴與並河誠所井上赤水
五井蘭洲相聚教授三輪執齋伊藤東涯亦
時来講歸〔説〕
十一月二日學問所行司定聽講謝金之則

十一年丙午春、甃庵三たび江都に抵りて大府に請う。吉宗将に之を允さんとし、還りて諸を本府に請はしむ。夏四月、甃庵大坂に帰り、府に造りて上状す。六月七日、府甃庵を召し、諭すに大命を以てし、地を賜い、其の戸役を蠲く。但し其の地官有に非ざるを以て、別に地を賜ひて以て之に代うるを許す。是に於て甃菴復た江都に抵りて拝謝す。社友貲を捐てて精舎を繕修す。秋八月、講堂の繕修始めて成る。〔学問所建立記録に据る。懐徳堂内事記九月に作る。〕左右の塾を置く。石庵学主と為りて、右塾に居り、甃庵学問所預人と為りて、左塾に居る。社友五名更ごも年行司と為り、道明寺屋新助支配人と為る。懐徳堂始めて大坂府学問所と為る。冬十月五日、学主石庵始めて経を懐徳書院に講ず。会する者七十有八人、是れより石庵と並河誠所・井上赤水・五井蘭洲と、相い聚りて教授す。三輪執斎・伊藤東涯も亦た来りて講説す。十一月二日、学問所行司聴講謝金の則を定む。

懐徳堂 官許を得る

懐徳堂が創設された享保九年（一七二四）頃、懐徳堂の中井甃庵《なかいしゅうあん》のもとに江戸の三輪執斎から手紙が届いた。時の将軍徳川吉宗に、京・大坂に学問所を設立する意志がある、との知らせである。甃庵と五同志との相談の結果、幕府の公認を得るための運動を開始することとなった。

甃庵は大坂と江戸との間を何度も往復し、積極的に運動を展開した。その結果、享保十一年（一七二六）六月七日、懐徳堂は幕府公許の学問所として正式に認められた。これを懐徳堂官許《かんきょ》という。

官許を得たことにより、「大坂学問所」とも呼ばれることになった懐徳堂は、その校地が幕府から与えられた形になり、また諸役を免除される特権を得た。

そして、学主（教務の責任者）・三宅石庵、預り人（校務の責任者）・中井甃庵、支配人（雑務担当者）・道明寺屋新助の三人を中心とする体制が整い、また講堂の修復や建物の整備も行われた。懐徳堂は半官半民の学校として、再出発したのである。

『万年先生論孟首章講義』

享保十一年（一七二六）十月五日、官許を得たことを祝う記念講義として、学主・石庵は、門人ら七十八名を前に、『論語』冒頭の学而篇と『孟子』冒頭の梁恵王篇の講義を行った。この講義の内容は、『万年先生論孟首章講義《まんねんせんせいろんもうしゅしょうこうぎ》』に記録されている。

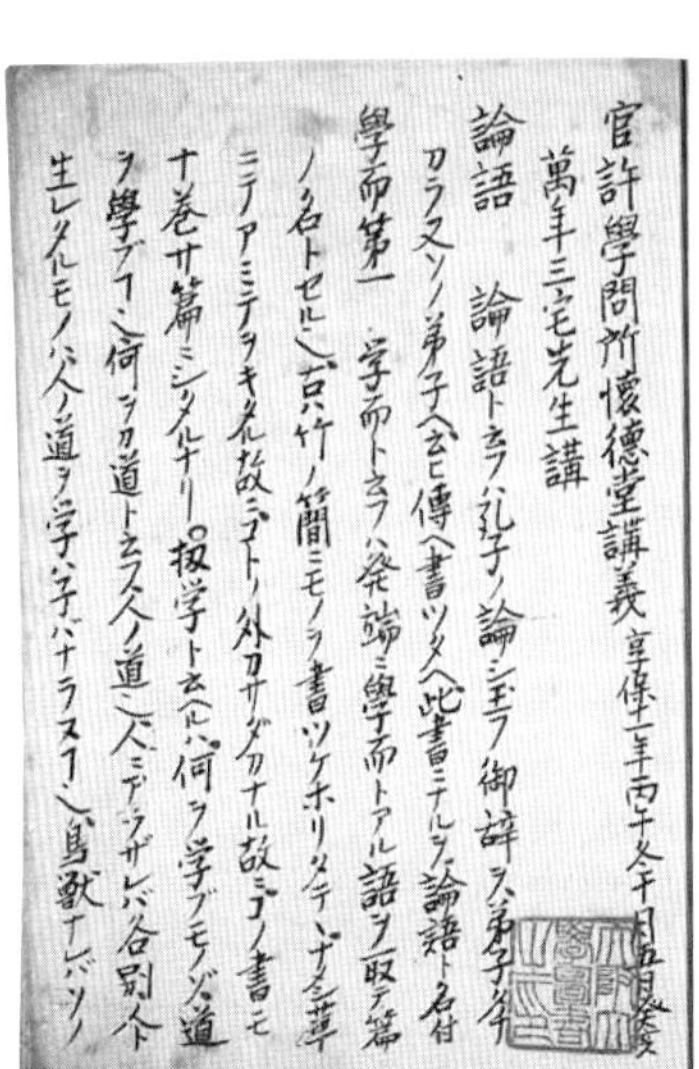

官許學問所懐德堂講義
萬年三宅先生講
論語

『万年先生論孟首章講義』の冒頭部分。『論語』の書名や学而篇の篇名の意味、文中の重要な語句の意味などを、分かりやすく説明している。『万年先生論孟首章講義』の末尾には、この講義を聴講した78名の名簿が付してある。

元文四年（一七三九）

『懐徳堂紀年』元文四年の条

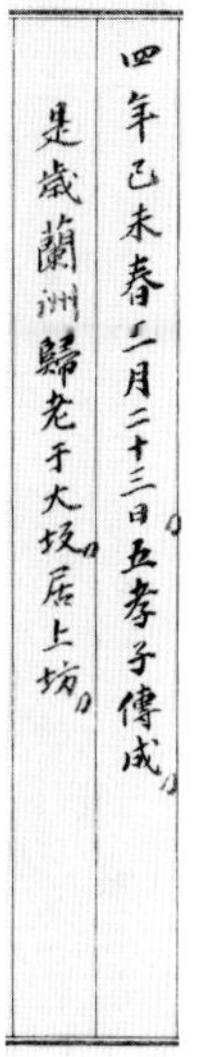

四年己未春三月二十三日五孝子傳成。
是歳蘭洲歸老于大坂居上坊。

四年己未春三月二十三日、五孝子伝成る。…

『五孝子伝』成る

桂屋事件

元文三年（一七三八）、秋田から大坂に米を運ぶ途中、暴風雨に遭い難破した沖船頭・新七は、船を「水船」と偽って米を横領した。新七は大坂堀江の居船頭・桂屋太郎兵衛に分け前を押しつけて逃亡したが、後に事件が発覚、太郎兵衛は捕縛され、死罪が確定した。

この時、十六歳になる太郎兵衛の長女・伊知が、自分たちが父の身代わりになりたいと嘆願書を作成し、他の四人の子どもとともに奉行所に出頭した。

奉行所は、その嘆願を却下したが、後に改めて尋問し、特赦として太郎兵衛を大坂三郷払いに減刑した。世に言う桂屋事件である。

中井甃庵の『五孝子伝』

この事件を聞いた中井甃庵は、元文四年（一七三九）三月に『五孝子伝《ごこうしでん》』を執筆、伊知ら五人の子どもたちを「孝子」として顕彰した。懐徳堂では、以後も「孝」を重視し、孝子の顕彰に積極的に取り組んだ。

後に幕府は、全国的に孝子顕彰の運動に取り組み、孝子などの記録である『孝義録』を享和元年（一八〇一）に刊行するなどした。甃庵の『五孝子伝』は、そうした運動の先駆けともいうべき著作である。

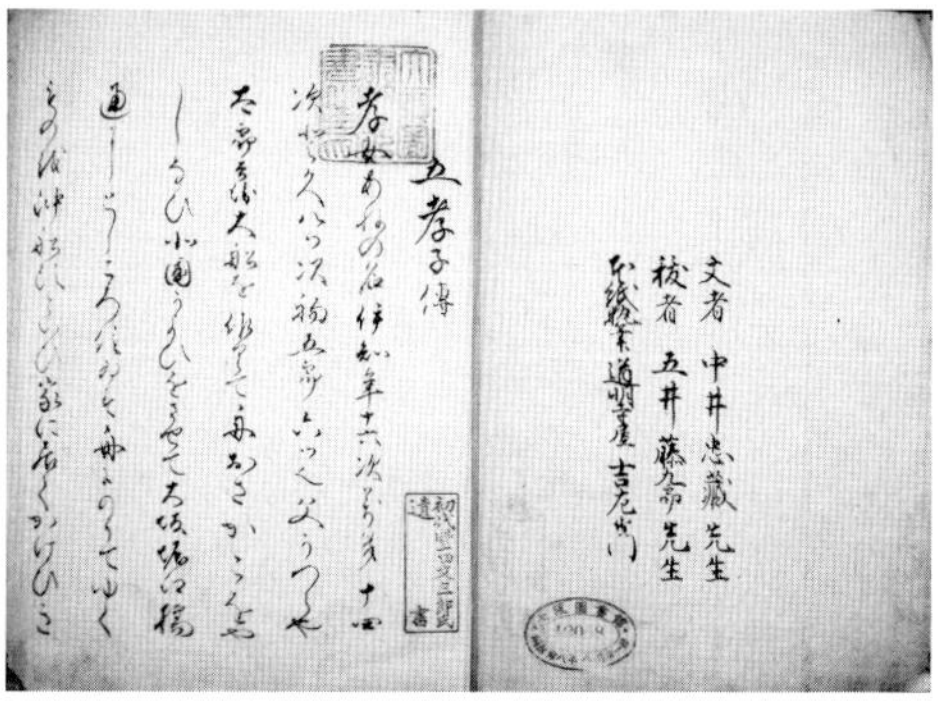

『五孝子伝』（大阪府立中之島図書館蔵）

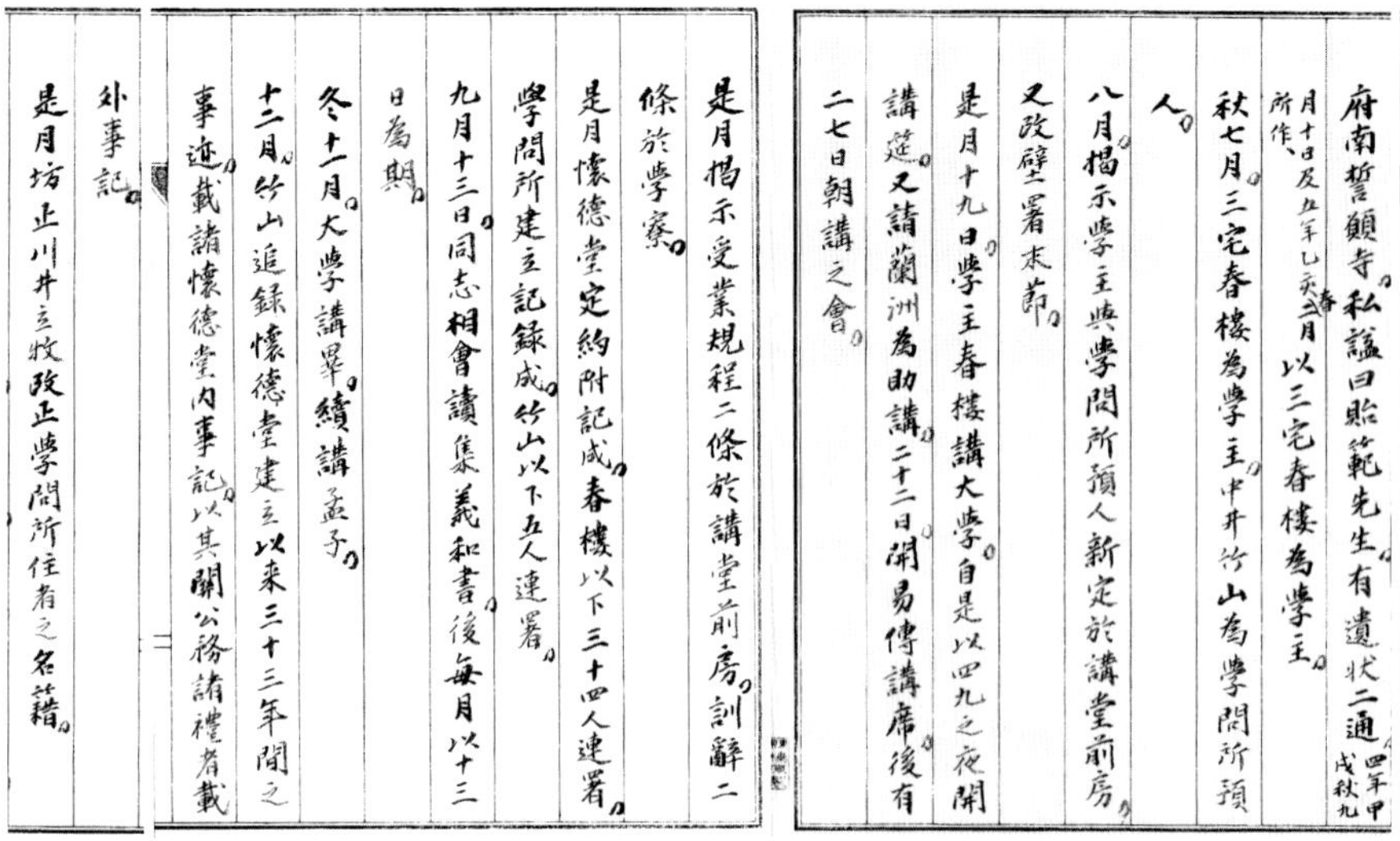
八年戊寅夏六月十七日甃菴卒壽六十六十九日葬
府南誓願寺私諡曰貽範先生有遺狀二通（四年甲戌秋九月十日及五年乙亥二月所作）
秋七月三宅春樓為學主中井竹山為學問所預
人
八月揭示學主與學問所預人新定於講堂前房
又改壁署末節
是月十九日學主春樓講大學自是以四九之夜開
講筵又請蘭洲為助講二十二日開易傳講席後有
二七日朝講之會
是月揭示受業規程二條於講堂前房訓辭二
條於學寮
是月懷德堂定約附記成春樓以下三十四人連署
學問所建立記錄成竹山以下五人連署
九月十三日同志相會讀集義和書後每月以十三
日為期
冬十一月大學講畢續講孟子
十二月竹山追錄懷德堂建立以來三十三年間之
事迹載諸懷德堂內事記以其關公務諸禮者載
外事記
是月坊正川井立牧改正學問所住者之名籍

『懐徳堂紀年』宝暦八年の条

八年戊寅…秋七月、三宅春楼学主と為り、中井竹山学問所預人と為る。八月、学主と学問所預人との新定を講堂前房に掲示す。又た壁署の末節を改む。…是の月、懐徳堂定約附記成り、春楼以下三十四人連署す。…

宝暦八年定書成る

「第三代学主・三宅春楼」

宝暦八年（一七五八）六月、第二代学主・中井甃庵が死去し、翌七月、第三代学主に三宅春楼《みやけしゅんろう》、預り人に中井竹山《なかいちくざん》が就任した。

二人は翌八月に「宝暦八年定書《さだめがき》」を定め、講堂に掲示した。「書生の交りは、貴賤貧富を論ぜず、同輩と為すべき事」との言葉で始まるこの定書は、懐徳堂における教育の基本方針を示すものである。

同じ月には、懐徳堂の定約を修正した「懐徳堂定約附記《ていやくふき》」も制定された。学主世襲の禁止を解くなど、実情に即しつつ、懐徳堂の新たな体制が構築された。

宝暦八年定書。全三条。第二・三条は、寄宿生に関する規定で、私用の外出を禁じ、謝礼は15歳からとする。

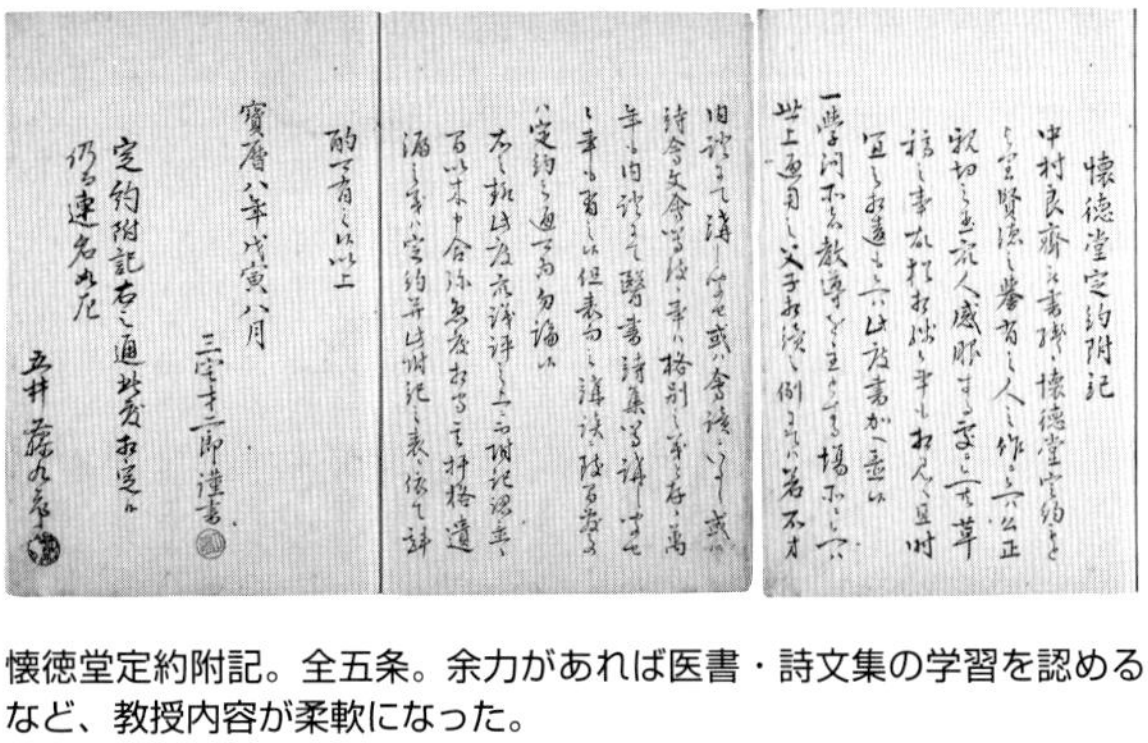

懐徳堂定約附記。全五条。余力があれば医書・詩文集の学習を認めるなど、教授内容が柔軟になった。

明和四年（一七六七）

『懐徳堂紀年』明和四年の条

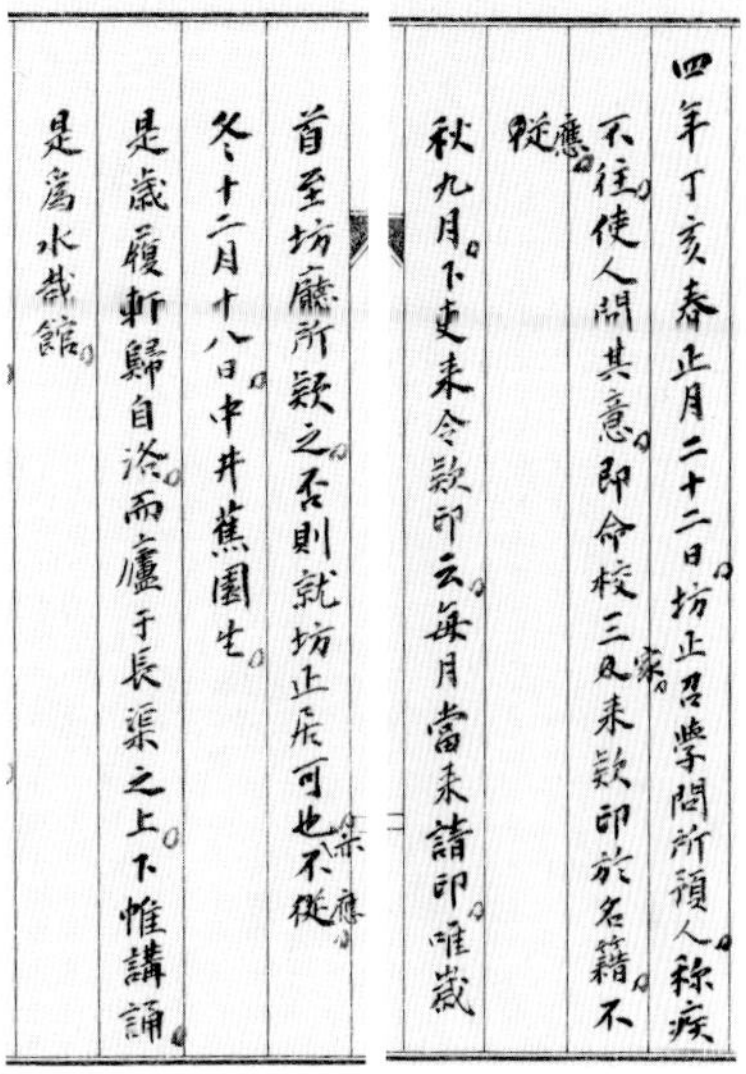
四年丁亥春正月二十二日坊正召學問所預人称疾不往使人問其意即命校三人来欵印於名籍不從
秋九月下吏来令欵印云毎月當来請印唯嵗首至坊廳所欵之否則就坊正庑可也不從
冬十二月十八日中井蕉園生
是歳履軒歸自洛而廬于長渠之上下帷講誦
是爲水哉館

四年丁亥…
…是の歳履軒洛より帰りて長渠の上に廬し、帷を下して講誦す。是れ水哉館為り。

履軒　水哉館を開く

竹山の弟

中井《なかい》履軒《りけん》は、第二代の学主・中井甃菴の次男で、竹山の二歳年下の弟である。竹山とともに五井蘭洲《ごいらんしゅう》のもとで朱子学を学び、懐徳堂の学者の中で最も優れた学問的業績を挙げた。『七経逢原《しちけいほうげん》』をはじめ、多くの著作を残している。

明和三年（一七六六）、履軒は京都の公卿・高辻家に招かれ、一年間京都で過ごした。翌明和四年（一七六七）、履軒は大坂に戻ると、長堀のほとりの借家に塾を開いた。この塾を水哉館《すいさいかん》という。

紙製深衣。履軒手製の深衣の模型。深衣は、中国古代の服で、履軒は『礼記』の記述に基づいて、これを反故紙を使って作った。

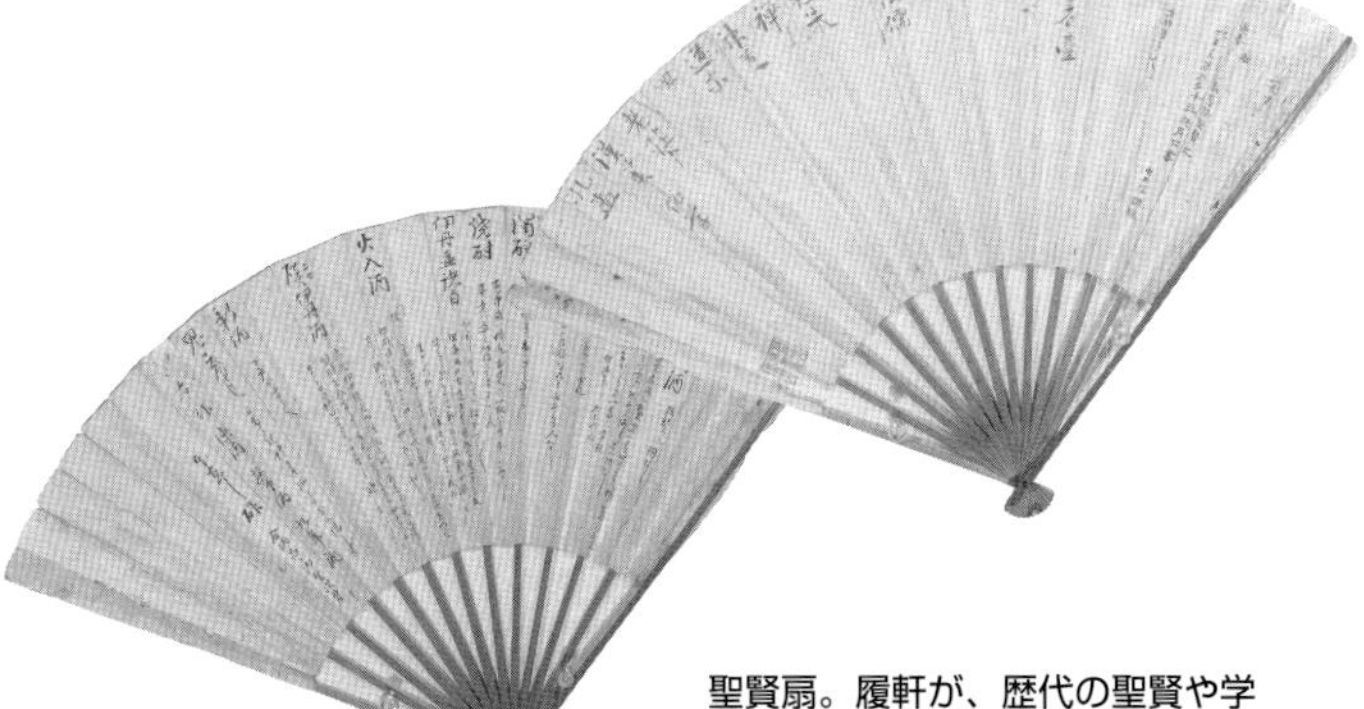

聖賢扇。履軒が、歴代の聖賢や学者らを酒にたとえた寸評を記した扇。原本は失われており、これは履軒の子・柚園が写したもの。

華胥国の王

安永九年（一七八〇）、履軒は南本町一丁目に転居すると、その住居を、中国の伝説的な皇帝・黄帝が夢に遊んだ国になぞらえて、「華胥国《かしょこく》」と名付けた。自由な精神を持ち、独創的な研究に取り組んだ履軒は、社交的な兄・竹山と異なり、著名人との面会を避けたという。

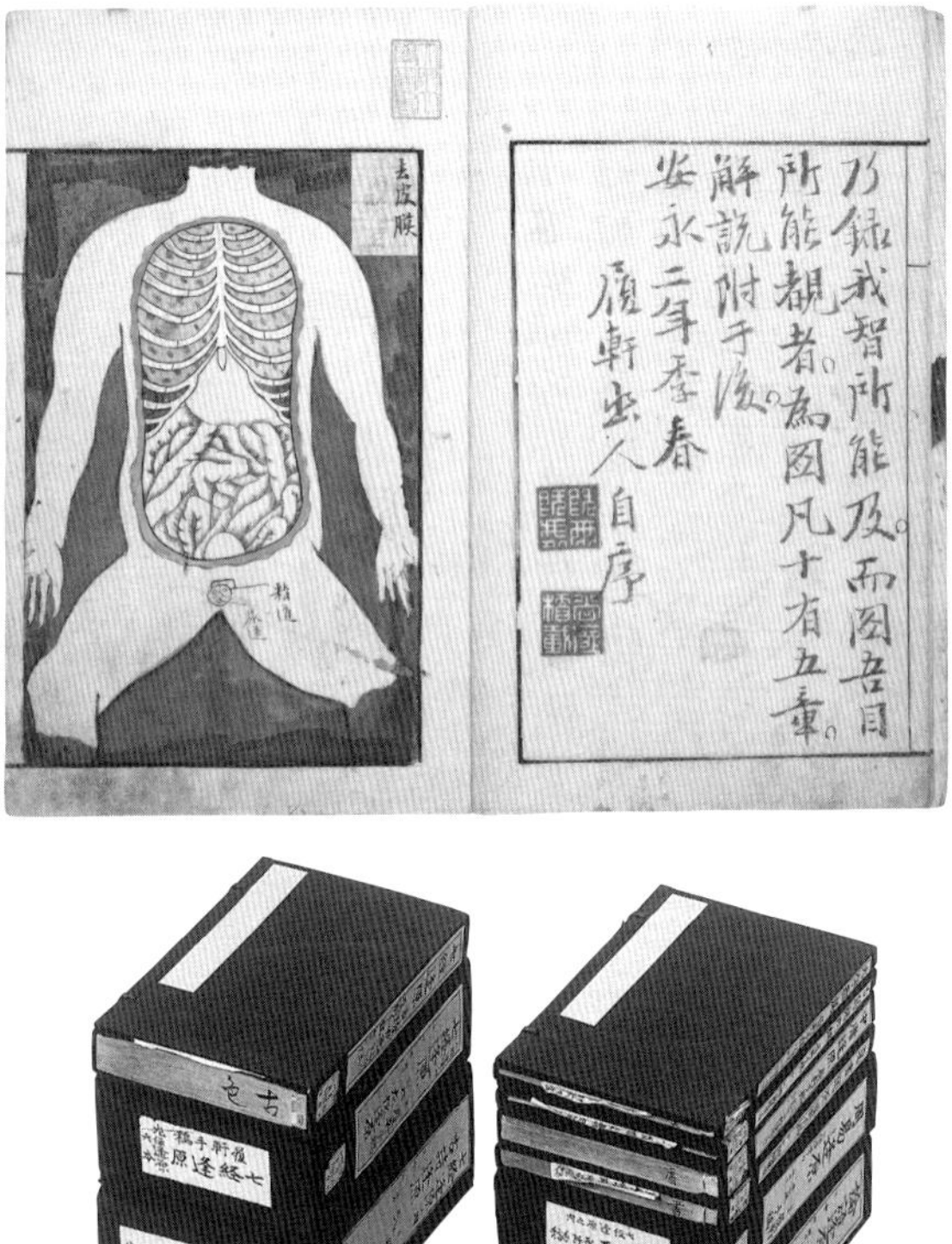

『越俎弄筆』。履軒が描いた人体解剖図。前野良沢らの『解体新書』完成の前年、安永二年（一七七三）の成書である。

中井履軒の経書研究の集大成である『七経逢原』。中井履軒の経書研究の成果は、はじめ『七経雕題』としてまとめられ、後に『七経雕題略』を経て、『七経逢原』に集約された。

天明二年（一七八二）

『懐徳堂紀年』天明二年の条

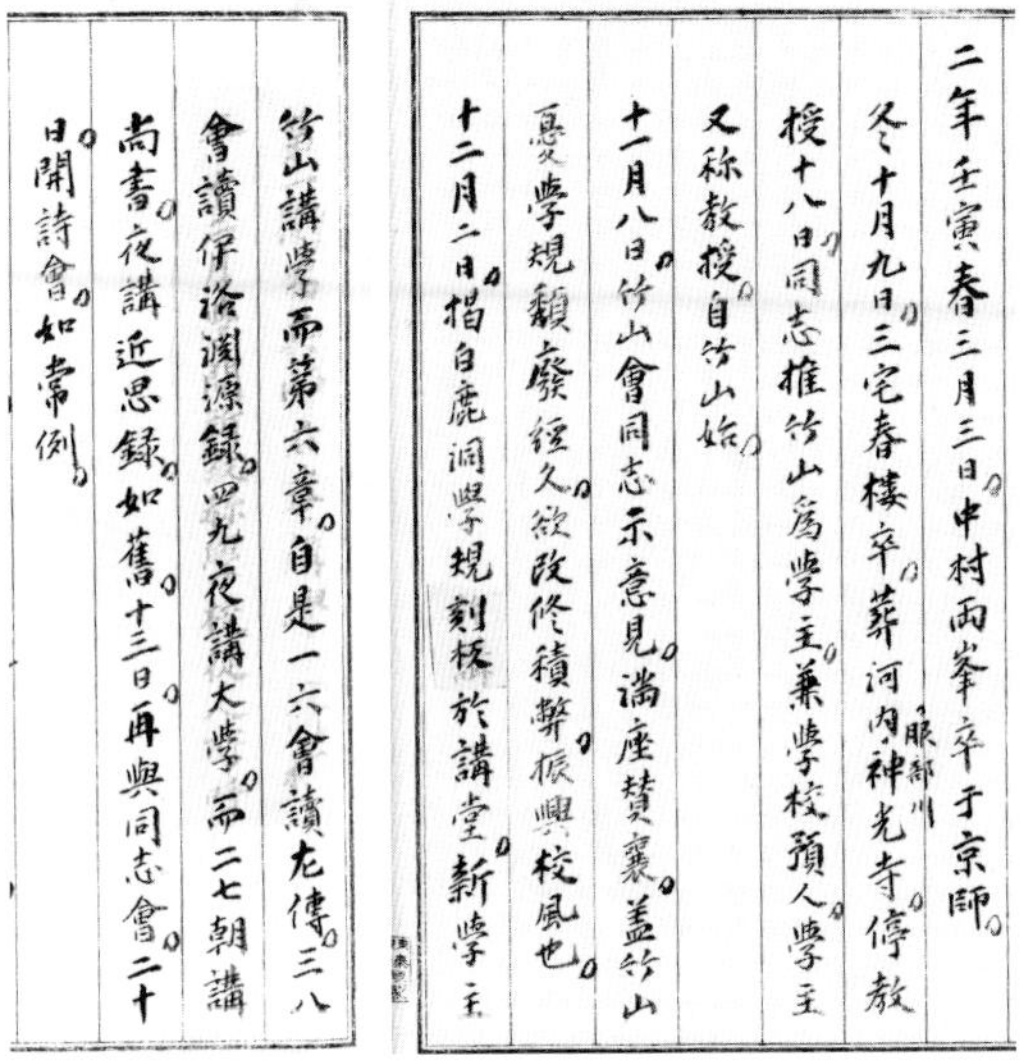
二年壬寅春三月三日中村雨峯卒于京師
冬十月九日三宅春楼卒葬河内服部川神光寺停教
授十八日同志推竹山爲學主兼學校預人學主
又称教授自竹山始
十一月八日竹山會同志示意見満座賛襄盖竹山
憂學規頽廢經久欲改修積弊振興校風也
十二月二日揭白鹿洞學規刻板於講堂新學主
竹山講學而第六章自是一六會讀左傳三八
會讀伊洛淵源録四九夜講大學而二七朝講
尚書夜講近思録如舊十三日再興同志會二十
日開詩會如常例

二年壬寅…冬十月九日、三宅春楼卒す。河内服部川神光寺に葬る。教授を停むること十八日。同志竹山を推して学主と為し、学校預人を兼ぬ。学主又た教授と称すること竹山より始む。…十二月二日、白鹿洞学規刻板を講堂に揭ぐ。新学主竹山、学而第六章を講ず。…

竹山 学主となる

第四代学主・中井竹山

天明二年（一七八二）、懐徳堂第三代の学主・三宅春楼が七十一歳で死去し、第四代の学主に、第二代の学主・中井甃庵の長男・中井《なかい》竹山《ちくざん》が就任した。竹山の時代、懐徳堂は最盛期を迎える。

就任直後、竹山は、朱子が定めた学生心得「白鹿洞学規《はくろくどうがっき》」を講堂に掲げた。

また二年後の天明四年（一七八四）、竹山は長年師事していた五井蘭洲の著作『非物篇《ひぶつへん》』を、自ら執筆した『非徴《ひちょう》』と併せて刊行した。『非物篇』・『非徴』とも、朱子学を批判した荻生徂徠の『論語徴』に対して批判を加えたものである。

これらは、竹山の学問が朱子学を中心とするものであったことを示している。もっとも、竹山は、陽明学も排除することがなかったという。

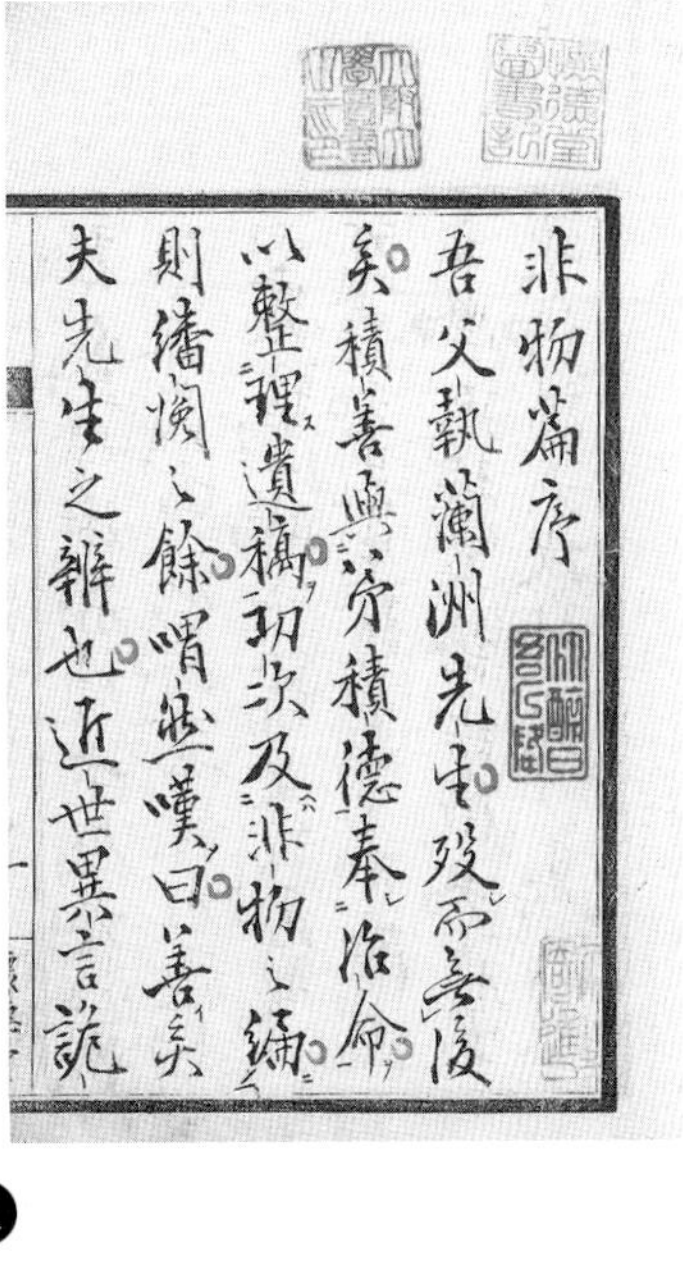
非物篇序
吾父執蘭洲先生歿而無後
矣積善與其子積徳奉治命
以整理遺稿以次及非物之編
則繙閲之餘喟然嘆曰善矣
夫先生之辨也近世異言詭

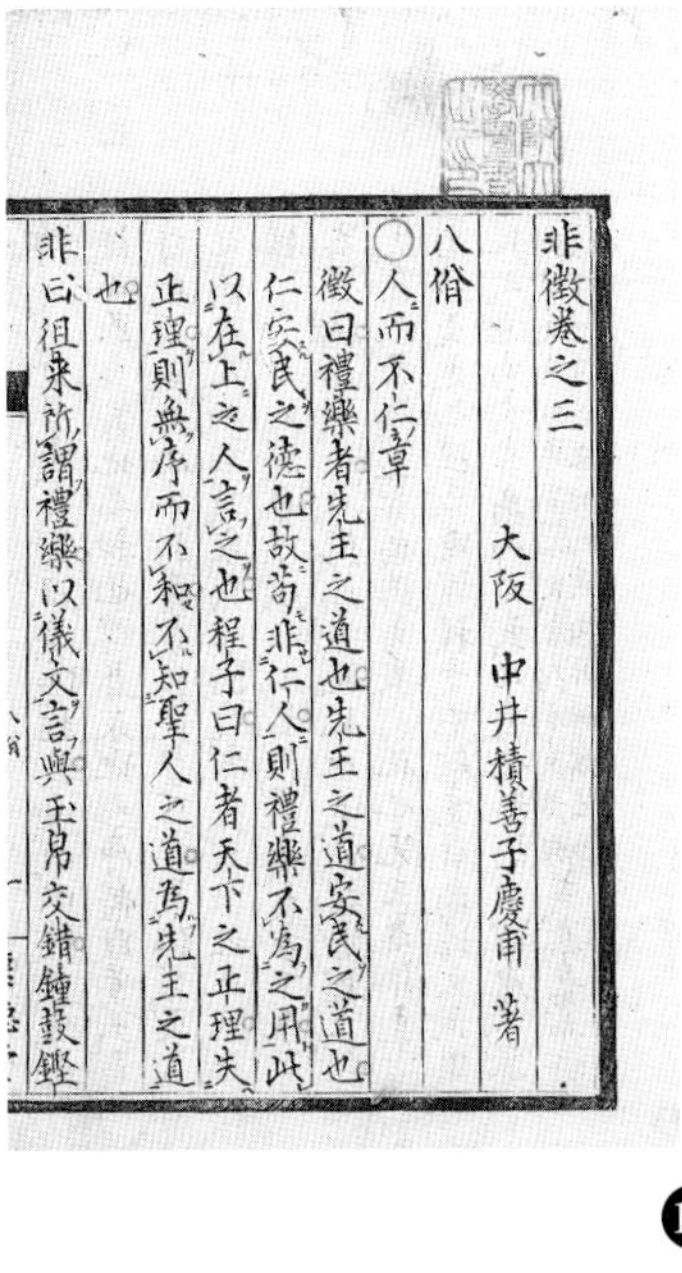
非徴巻之三
大阪　中井積善子慶甫　著
八佾
○人而不仁章
徴曰禮樂者先王之道也先王之道安民之道也
仁安民之徳也故苟非仁人則禮樂不爲之用此
以在上之人言之也程子曰仁者天下之正理失
正理則無序而不和不知聖人之道爲先王之道
也
非曰徂徠所謂禮樂以儀文言與玉帛交錯鐘鼓鏗

『非物篇』序文の冒頭部分（右）と、『非徴』（左）。
竹山の激しい徂徠批判は、反響を呼んだ。

天明八年（一七八八）

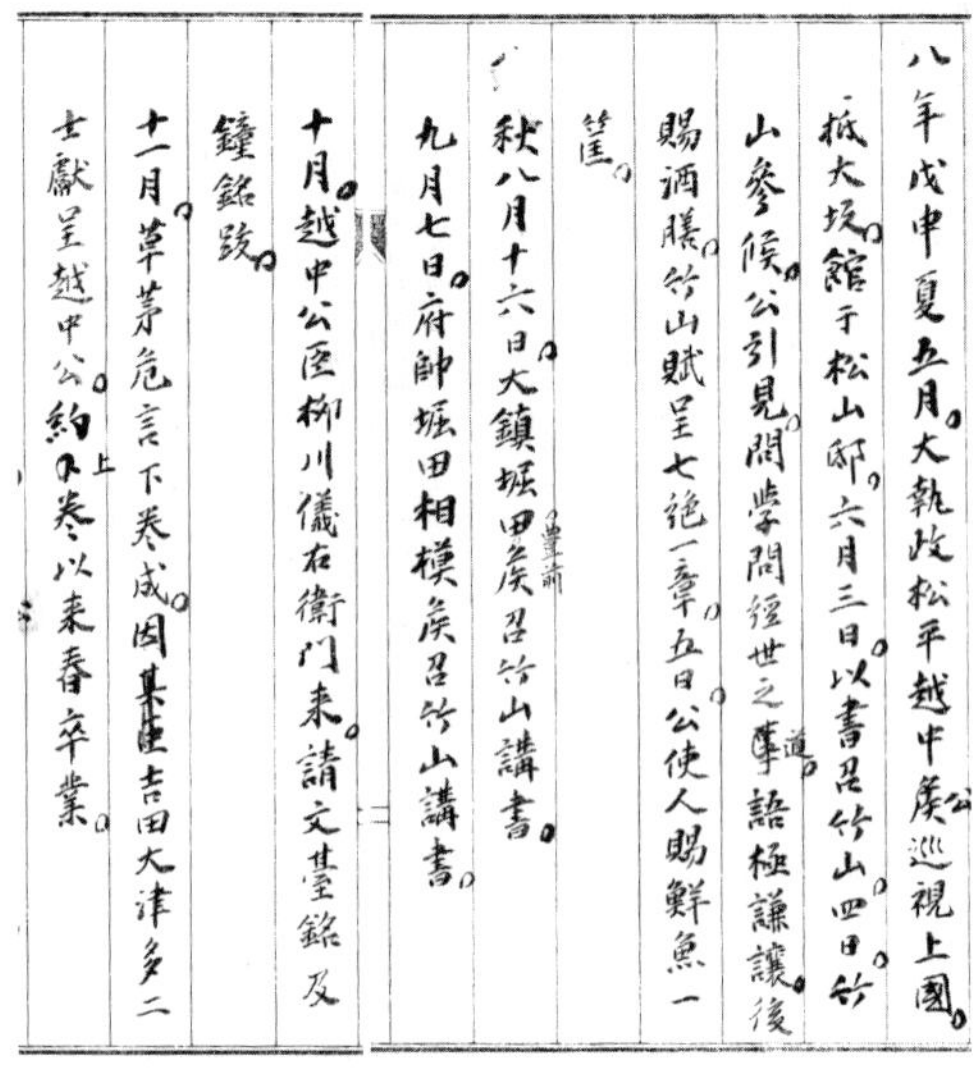

『懐徳堂紀年』天明八年の条

八年戊申夏五月、大執政松平越中公、上国を巡視し、大坂に抵り、松山邸に館す。六月三日、書を以て竹山を召す。四日、竹山参候す。公 引見して、学問経世の道を問う。語 極めて謙譲なり。後に酒膳を賜う。竹山賦して七絶一章を呈す。五日、公 人をして鮮魚一筺を賜わしむ。…十一月、草茅危言下巻成る。吉田・大津多二士に因りて越中公に献呈す。上巻は来春を以て卒業するを約す。

松平定信の諮問

天明八年（一七八八）六月四日、竹山は西国巡視中に来坂した老中・松平定信《まつだいらさだのぶ》に召され、学問経世の道を尋ねられた。

当時、竹山のような在野の学者の意見を老中が直接聞くということは、異例のことであった。竹山は、定信の丁重な態度に感激したという。

この年の十一月、竹山は国家や社会、学問などのあり方に対する意見を著した『草茅危言《そうぼうきげん》』の下巻を、定信に献呈した。『草茅危言』とは、「草茅」、つまり野に在る士が「危言」、つまり忌憚ない意見を述べたもの、という意味である。『草茅危言』全五巻は、三年後の寛政三年（一七九一）に完成した。

後に定信は寛政の改革を進めたが、竹山の『草茅危言』から大きな影響を受けたとされる。

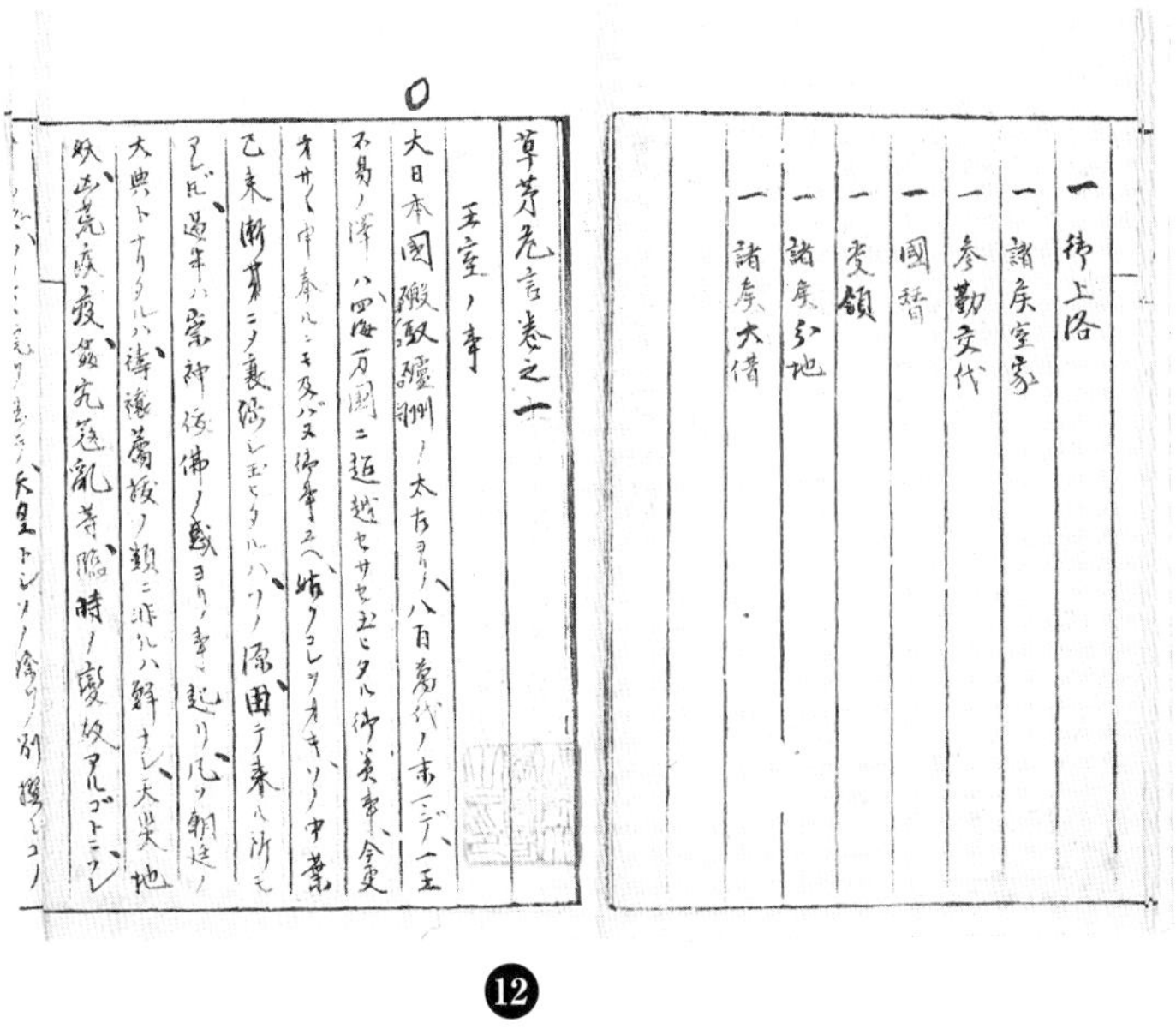

竹山手稿本の『草茅危言』。懐徳堂文庫所収。定信に献上したものの草稿と考えられる。

寛政四～八年（一七九二～一七九六）

『懐徳堂紀年』寛政四～八年の条

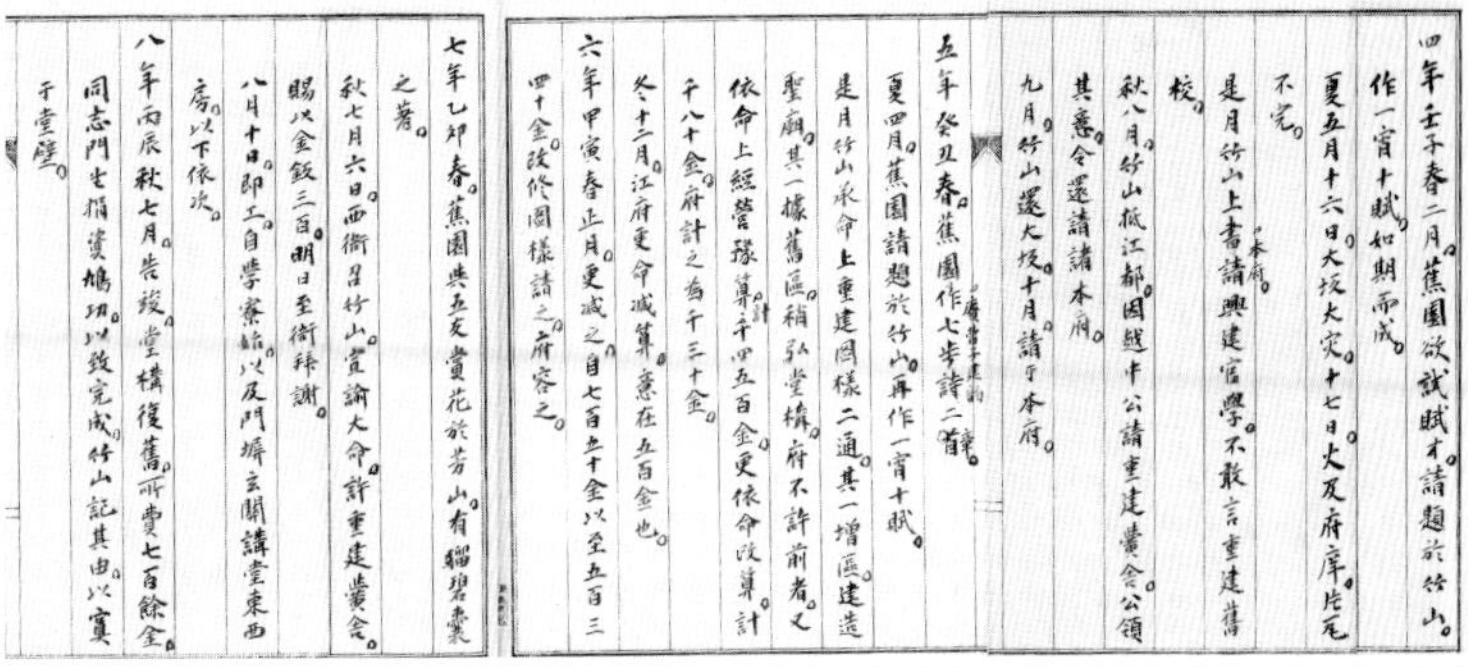
四年壬子春二月。蕉園欲試賦才。請題於竹山。
作一宵十賦。如期而成。
夏五月十六日。大坂大災。十七日。火及府庫。片瓦
不完。
是月。竹山上書本府。請興建官學。不敢言重建舊
校。
秋八月。竹山抵江都。因越中公請重建黌舍。公領
其意。令還請諸本府。
九月。竹山還大坂。十月。請于本府。
五年癸丑春。蕉園作七歩詩二首。
夏四月。蕉園請題於竹山。再作一宵十賦。
是月。竹山承命上重建圖様二通。其一増區建造
聖廟。其一據舊區稍弘堂構。府不許前者。又
依命上經營豫算。計千四五百金。更依命改算。計
千八十金。府計之為千三十金。
冬十二月。江府更命減算。意在五百金也。
六年甲寅春正月。更減之。自七百五十金以至五百三
四十金。改修圖様請之。府容之。
七年乙卯春。蕉園與五友賞花於芳山。有緇碧嚢
之著。
秋七月六日。西衙召竹山。宣諭大命。許重建黌舍。
賜以金鈑三百。明日至衙拜謝。
八月十日。即工。自學寮始。以及門塀玄關講堂東西
房。以下依次。
八年丙辰秋七月。告竣。堂構復舊。所費七百餘金。
同志門生捐貲鳩功。以致完成。竹山記其由。以寘
于堂壁。

四年壬子…夏五月十六日、大坂大災あり。十七日、火府庫に及ぶ。片瓦も完からず。是の月、竹山本府に上書して官学を興建するを請う。敢えて旧校を重建するを言わず。…

五年癸丑…是月竹山命を承けて重建図様二通を上る。其の一は区を増して、聖廟を建造す。其の一は旧区に據りて、稍堂構を弘む。府前者を許さず。又命に依りて経営予算を上る。計千四五百金なり。更に命に依りて算を改むるに、計千八十金なり。府之を計りて千三十金と為す。冬十二月、江府更に減算を命ず。意は五百金に在り。

六年甲寅春正月、更に之を減じ、七百五十金より以て五百三四十金に至る。図様を改修して之を請う。府之を容る。

七年乙卯春…秋七月六日、西衙　竹山を召して、大命を宣諭し、黌舎を重建するを許し、賜うに金鈑三百を以てす。明日衙に至りて拝謝す。

八月十日、工に即く。学寮より始めて、以て門塀・玄関・講堂・東西房に及ぶ。以下次に依る。

八年丙辰秋七月、竣を告ぐ。堂構旧に復す。費やす所七百余金なり。同志・門生貲を捐てて鳩功し、以て完成を致す。竹山其の由を記して、以て堂壁に寘く。

懐徳堂の焼失と再建

懐徳堂焼失

寛政四年（一七九二）五月、懐徳堂は大火によって全焼した。

竹山らは、直ちに再建に取り組み、翌年幕府に二つの再建計画案を提示した。敷地を拡大して新たに聖廟を建築する案と、従来の敷地のままで、建物をやや大きくする案とである。

幕府は、敷地の拡大を認めず、後者の案による予算見積を指示。また、竹山らが再建に必要な予算を千四、五百両と見積もると、その減額を命じた。再建の経費を、できるだけ抑えようとしたのである。以後、両者の間で予算の見積と減額の指示とが繰り返された。

寛政七年（一七九五）七月六日、幕府は正式に再建を許可したが、再建の費用として支給されたのは、結局わずか三百両であった。

懐徳堂の再建

再建の工事は寛政七年（一七九五）八月十日に着工、翌寛政八年（一七九六）七月に完成した。再建にかかった経費は七百両余りで、不足した分は、同志や門下生の協力によって調達された。

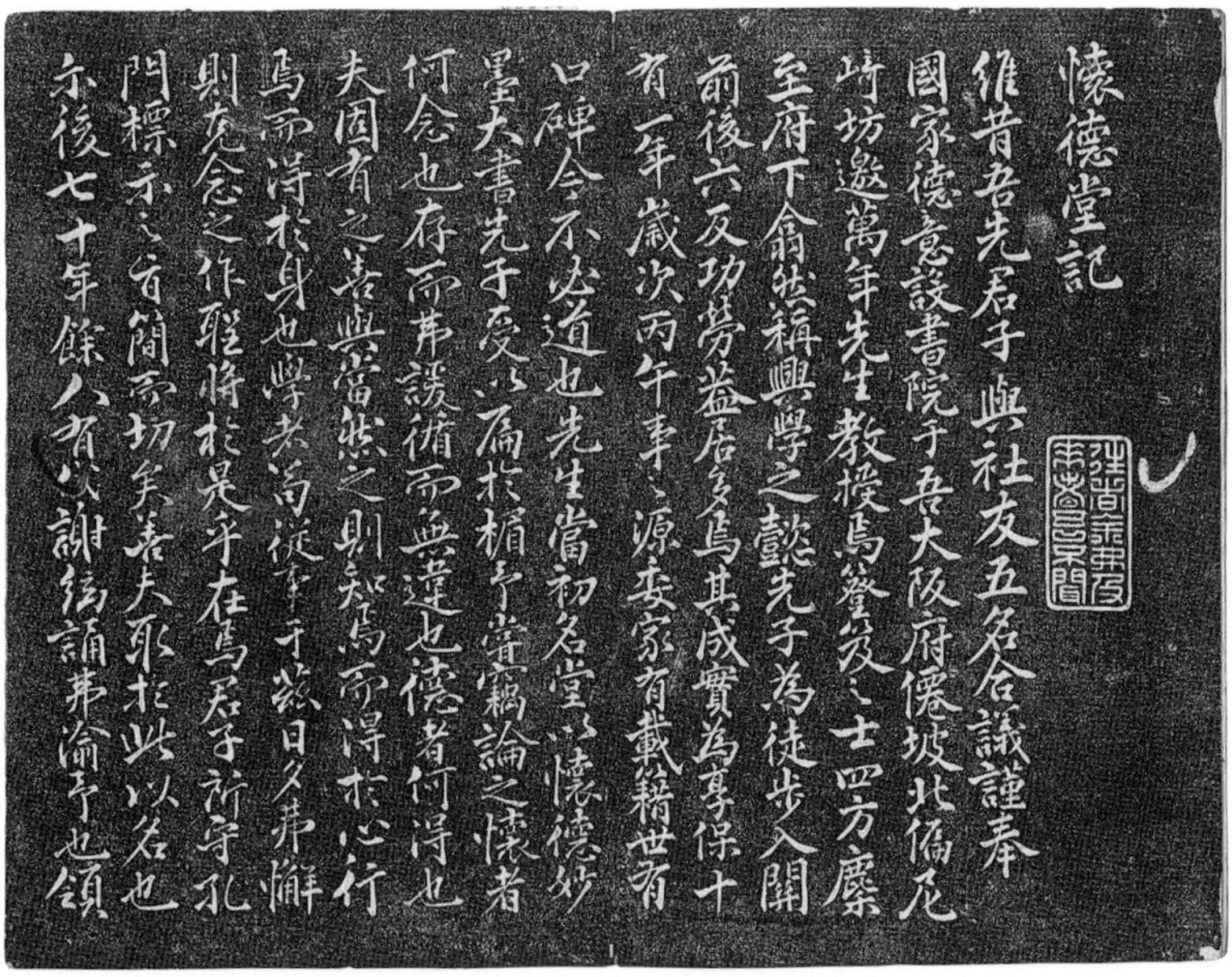
懐徳堂記
維昔吾先君子與社友五名合議謹奉
國家德意設書院于吾大阪府儫坡北偏尼
崎坊邀萬年先生教授焉簦笈之士四方麇
至府下翕然稱興學之懿先子為徒步入關
前後六反功勞益居多焉其成實為享保十
有一年歲次丙午事〻源委家有載籍世有
口碑今不必道也先生當初名堂以懐德妙
墨大書先子受以扁於楣乎堂竊論之懐者
何念也存而弗諼循而無違也德者何得也
夫固有之善與當然之則知焉而得於心行
焉而得於身也學者尚從事于茲日久弗懈
則克念之作聖將於是乎在焉君子所守孔
門標示〻有簡而切矣善夫取於此以名也
尓後七十年餘八有以謝絃誦弗渝乎也領

懐徳堂再建に際して中井竹山が撰した碑文の拓本である『懐徳堂記』。懐徳堂の設立から説き起こして、焼失と再建に言及し、同志や門下生らの協力を讃えている。なお、碑そのものの所在は不明である。

寛政十一年（一七九九）

『懐徳堂紀年』寛政十～十一年の条

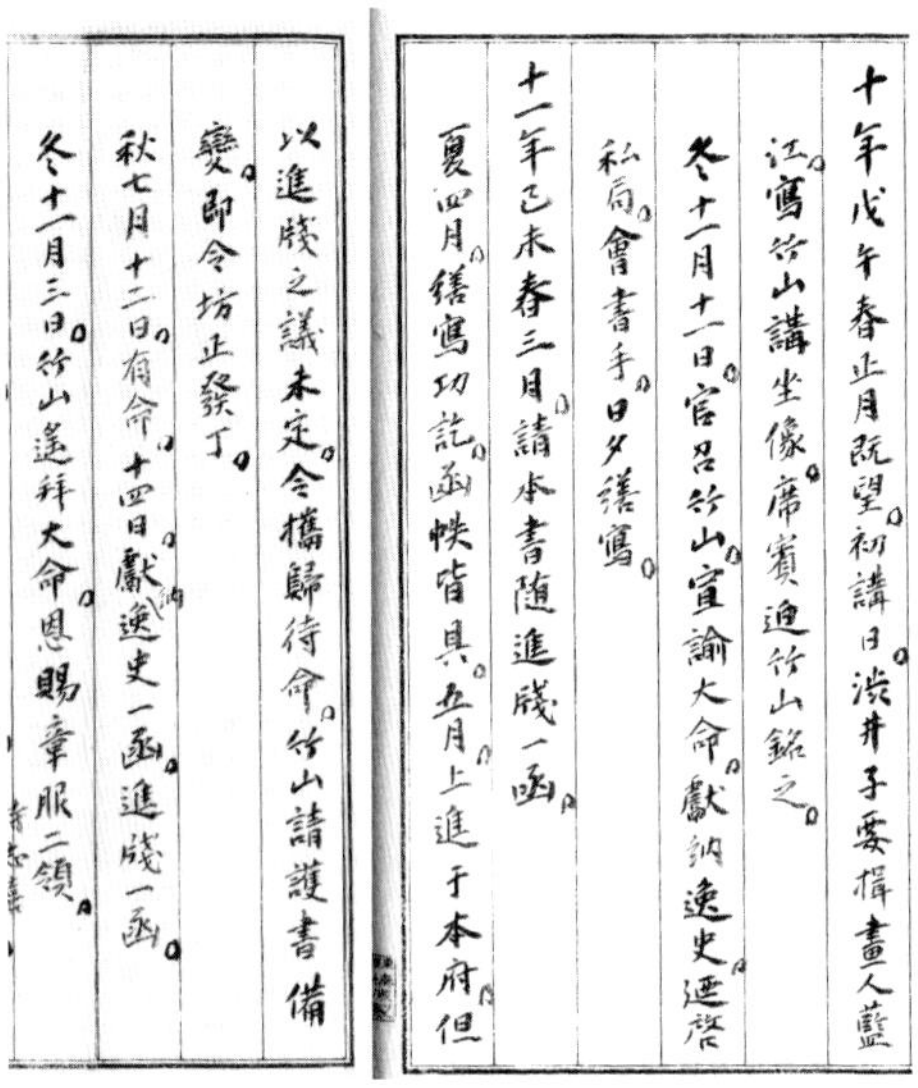
十年戊午春正月既望初講日渋井子要揮畫人藍江寫竹山講坐像席賓逸竹山銘之
冬十一月十一日官召竹山宣諭大命獻納逸史進啓
私局會書手日夕繕寫
十一年己未春三月請本書随進牋一函
夏四月繕寫功訖函帙皆具五月上進于本府但以進牋之議未定令擕歸待命竹山請護書備變即令坊正發丁
秋七月十二日有命十四日獻納逸史一函進牋一函
冬十一月三日竹山遥拜大命恩賜章服二領

十年戊午…冬十一月十一日、官竹山を召し、大命を宣諭し、逸史を献納せしむ。…
十一年己未…秋七月十二日、命有り。十四日、逸史一函、進牋一函を献納す。冬十一月三日、竹山大命を遥拝し、章服二領を恩賜せらる。

天保八年（一八三七）

『懐徳堂紀年』天保八年の条

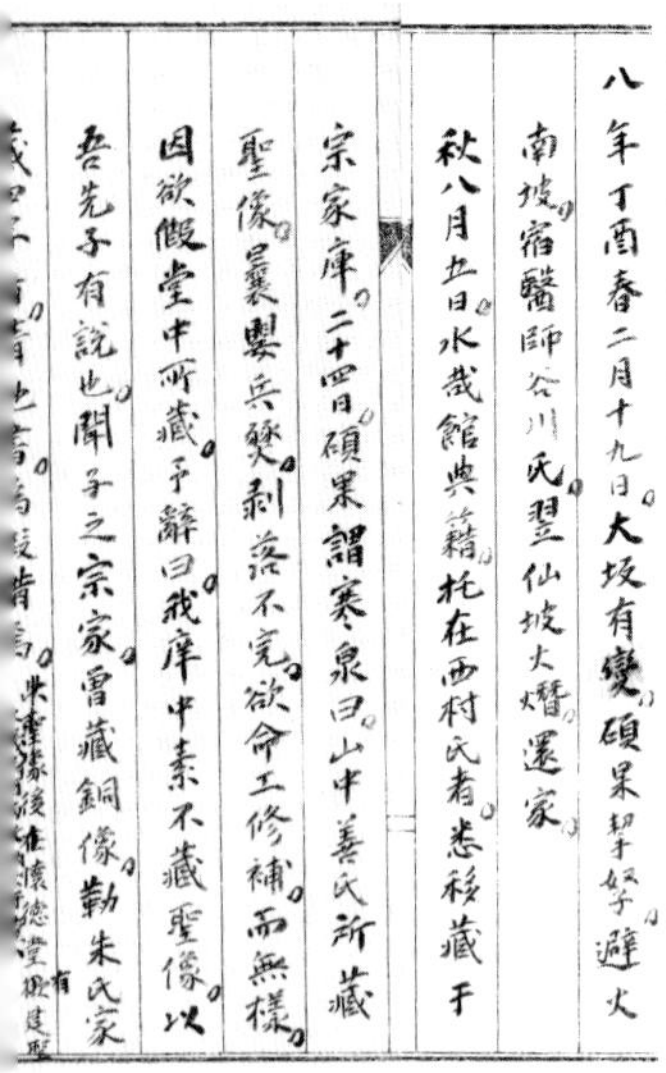
八年丁酉春二月十九日大坂有變碩果挈孥避火
南坡宿醫師谷川氏翌仙坡火熸還家
秋八月廿日水哉館典籍托在西村氏者悉移藏于宗家庫二十四日碩果謂寒泉曰山中善氏所藏聖像曩嬰兵燹剥落不完欲命工修補而無様因欲假堂中所藏予辭曰我庫中素不藏聖像以吾先子有說也聞子之宗家嘗藏銅像勸朱氏家

『逸史』献上

『逸史《いっし》』全十三巻は、中井竹山が執筆した、徳川家康の一代記である。自序によれば、豊臣びいきの大坂の人々が家康の功績を評価しないことが執筆の動機だという。竹山は完成までに三十年以上もの歳月をかけた。

寛政十年（一七九八）に竹山の子・中井蕉園が、親交のあった江戸の学者に『逸史』の副本を見せたことから、その年の十一月、大坂町奉行を通じて、幕府に『逸史』を献上するよう命ぜられ、翌寛政十一年（一七九九）七月、献上が行われた。現在懐徳堂文庫に収められているのは、その時の副本である。

嘉永元年（一八四八）、並河寒泉《なみかわかんせん》はこの副本を底本として『逸史』を刊行した。

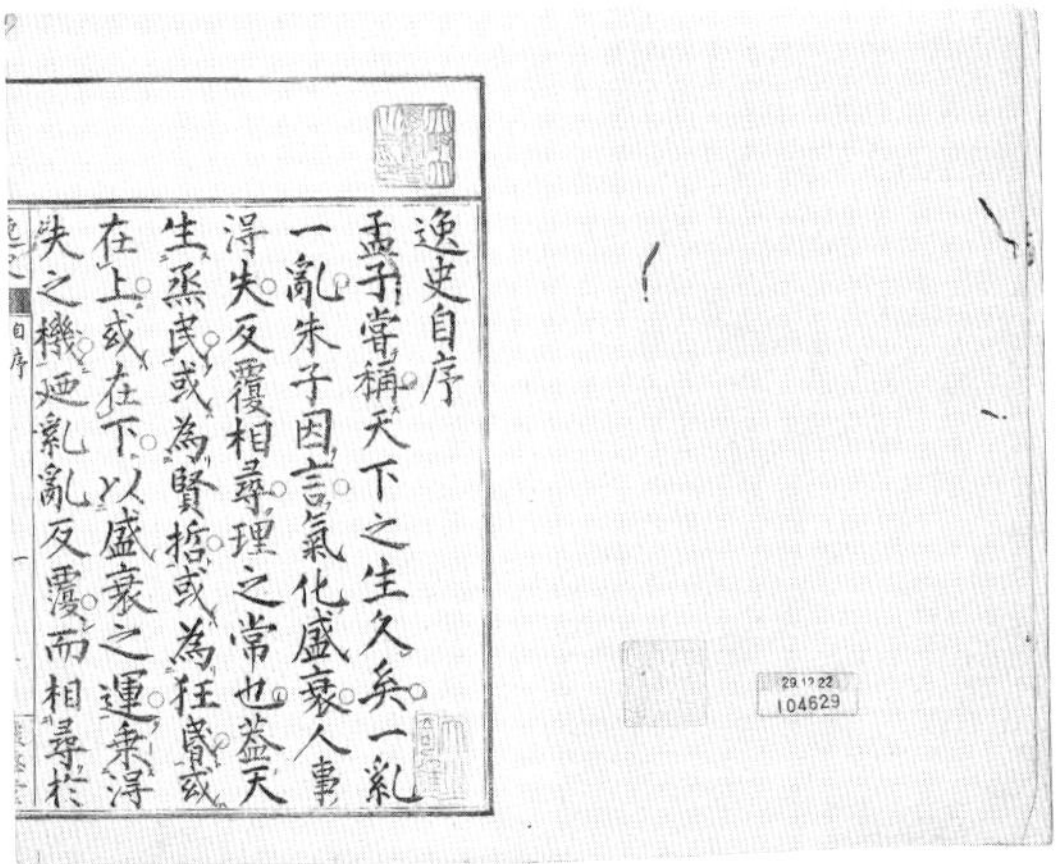
逸史自序
孟子嘗稱天下之生久矣一治一亂朱子因言氣化盛衰人事得失反覆相尋理之常也蓋天生烝民或為賢哲或為狂愚或在上或在下以盛衰之運乘得失之機廼治亂反覆而相尋於

『逸史』の自序の冒頭部分。『逸史』献上により、竹山は幕府より褒美として葵の紋の入った時服二着を賜った。竹山はその服を着て詩を賦し、喜びを表したという。

大塩の乱

天保八年（一八三七）、前年の大凶作のため天保の大飢饉が起きた。大坂の米価は暴騰し、多数の餓死者も出た。

大坂東町奉行の元与力・大塩平八郎は、門下生や近隣の農民らとともに兵を挙げ、町に火を放って船場を襲撃、鴻池などの豪商を襲っては、奪った米などを民衆に配った。

この時懐徳堂の教授・中井碩果《なかいせきか》は、妻子を伴って難波に難を避けた。もっとも、大塩の乱はわずか一日で鎮圧されたので、翌日には懐徳堂に戻っている。

幼時の大塩平八郎

大塩は幼い時、中井碩果について漢文

冬十月望。懐徳堂有詩會題冬霽。
十一月十九日。塾長波多野良左衛門還國。

八年丁酉春二月十九日、大坂変有り。碩果孥を挈えて、火を南坡に避く。医師・谷川氏に宿る。翌仙坡の火　鵯え、家に還る。…

嘉永七年（一八五四）

『懐徳堂紀年』安政元年の条(注)

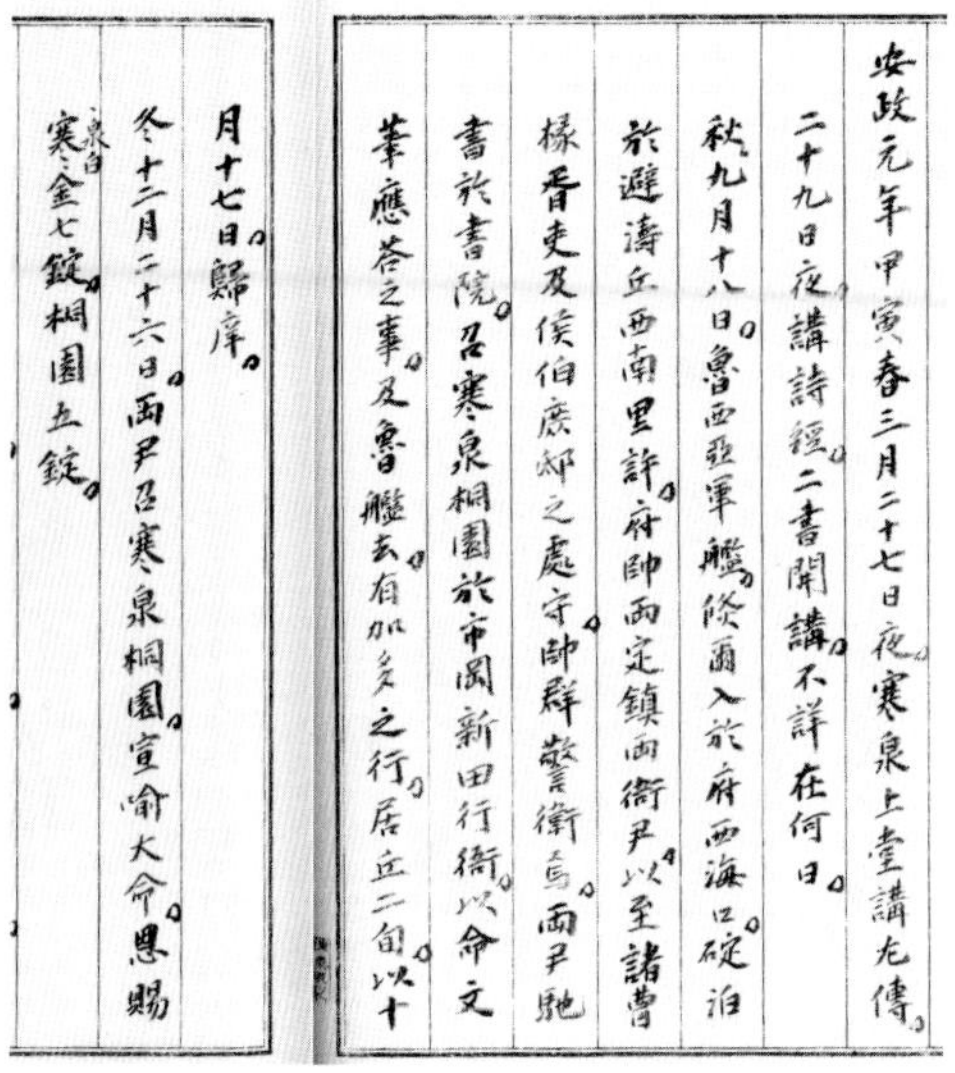
安政元年甲寅春三月二十七日夜寒泉上堂講左傳。
二十九日夜講詩經二書開講不詳在何日。
秋九月十八日魯西亜軍艦倏爾入於府西海口碇泊於避濤丘西南里許府帥西定鎮両衛尹以至諸曹掾胥吏及侯伯庶邸之處守師群警衛焉両尹馳書於書院召寒泉桐園於市岡新田行衛以命文筆應荅之事及魯艦去有加多之行居丘二旬以十月十七日歸庠。
冬十二月二十六日両尹召寒泉桐園宣喻大命恩賜寒泉白金七錠桐園五錠

安政元年甲寅…秋九月十八日、魯西亜軍艦、倏爾として府の西海口に入り、避濤丘の西南里許に碇泊す。府両定鎮両衙尹を帥ゐ、以て諸曹掾胥吏及び侯伯庶邸の処守に至る。群を帥ゐて警衛す。両尹　書を書院に馳せて、寒泉桐園を市岡新田の行衙に召し、以て文筆応答の事を命ず。魯艦去るに及び、加多の行有り。丘に居ること二旬、十月十七日を以て、庠に帰る。冬十二月二十六日、両尹寒泉桐園を召し、大命を宣喩して、寒泉に白金七錠、桐園に五錠を恩賜す。

注…『懐徳堂紀年』において、改元があった年の条文は、改元後の年号のみを記している。嘉永七年は十一月に安政に改元された。

の素読を学んだ。ある時、大塩は「寧」の字の「むしろ」という読みが覚えられなかった。そこで碩果は、下に敷く筵席《むしろ》のことと覚えるようにと教えた。すると大塩は、翌日の復習で「寧」を「ゴザ」と読んだという。

ロシア軍艦の来航

嘉永七年（一八五四）九月十八日、ロシアの軍艦が、突如大阪湾に姿を現した。日本との条約締結を目指すプチャーチンの乗船する、ディアナ号である。

この時、奉行所から、懐徳堂の並河《なみかわ》寒泉《かんせん》と中井《なかい》桐園《とうえん》は、漢文による通訳に当たるよう命ぜられた。二人は二十日間、懐徳堂を離れて任務に当たった。この功績により、幕府は寒泉に白金七枚、桐園に五枚の褒美を与えた。後に寒泉は、「拝《はい》恩《おん》志《し》喜《き》」と題する漢文を著し、この事件について記録した。

ディアナ号は、大阪湾を出た後下田に向かい、この年（十一月に改元し、安政元年）の十二月、日露和親条約が締結された。

大塩平八郎像（大阪城天守閣蔵）

ロシア軍艦ディアナ号
（神戸市立博物館蔵、同館『特別展よみがえる兵庫津』2004年による）

安政四年（一八五七）

『懐徳堂紀年』安政四年の条

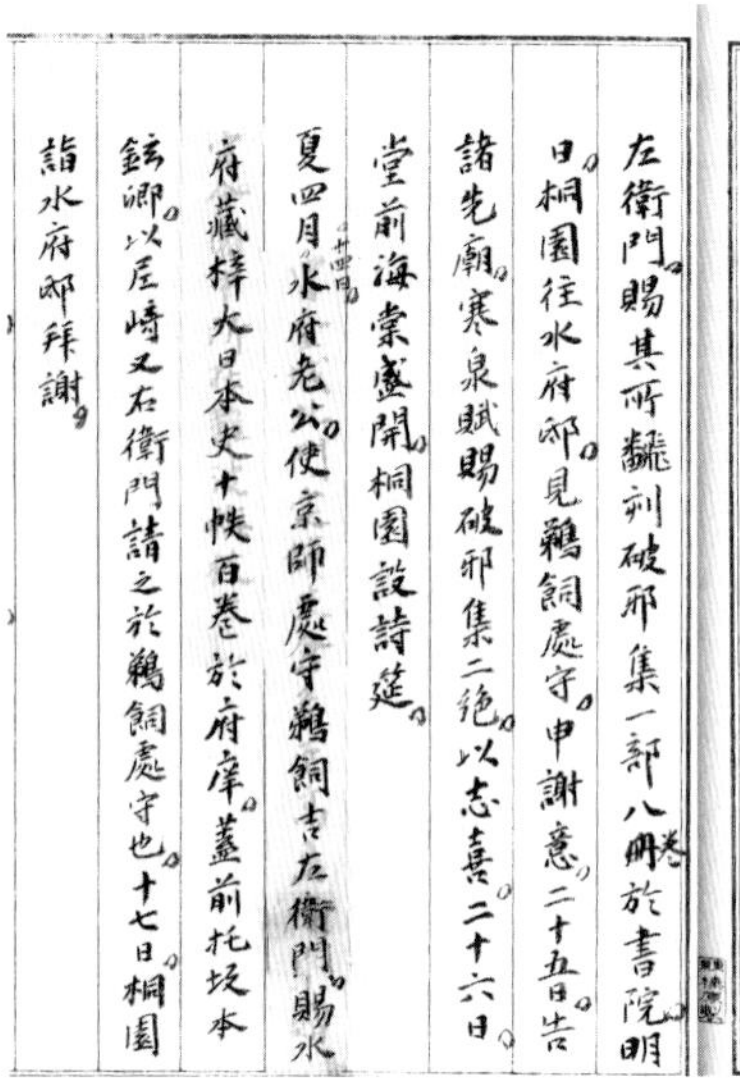
四年丁巳寒泉年六十一春正月十五日始稱華翁
三月二十三日水府景山太公使京師處守鵜飼吉
左衛門賜其所彫刻破邪集一部八冊於書院明
日桐園往水府邸見鵜飼處守申謝意二十五日告
諸先廟寒泉賦賜破邪集二絶以志喜二十六日
堂前海棠盛開桐園設詩筵
夏四月十四日水府老公使京師處守鵜飼吉左衛門賜水
府藏梓大日本史十帙百巻於府庠蓋前托坂本
鉉卿以尼崎又右衛門請之於鵜飼處守也十七日桐園
詣水府邸拜謝

四年丁巳…夏四月十四日、水府老公、京師処守・鵜飼吉左衛門をして水府藏梓の大日本史十帙百巻を府庠に賜わしむ。蓋し前に坂本鉉卿に托し、尼崎又右衛門を以て之を鵜飼処守に請うるなり。十七日、桐園水府邸に詣りて拝謝す。

『大日本史』の寄贈

水戸藩からの寄贈

安政四年（一八五七）四月十四日、水戸藩から懐徳堂に、『大日本史《だいにほんし》』十帙百巻が寄贈された。同月十七日、中井桐園は水戸藩邸に行き、礼を述べている。

この年の三月にも、やはり水戸藩から、『破邪集』八巻が懐徳堂に寄贈され、桐園が礼を述べるために藩邸に出かけている。

懐徳堂本『大日本史』

『大日本史』は、水戸藩によって編纂が始められた日本の歴史書で、元禄十年（一六九七）に本紀の部分が、正徳五年（一七一五）に列伝が脱稿し、享保五年（一七二〇）に幕府に献上された。

実は懐徳堂では、明和八年（一七七一）から翌年にかけて、中井竹山を中心に『大日本史』の筆写が行われている。この時筆写された懐徳堂本『大日本史』を、安永五年（一七七六）に頼春水《らいしゅんすい》が借用し、筆写している。

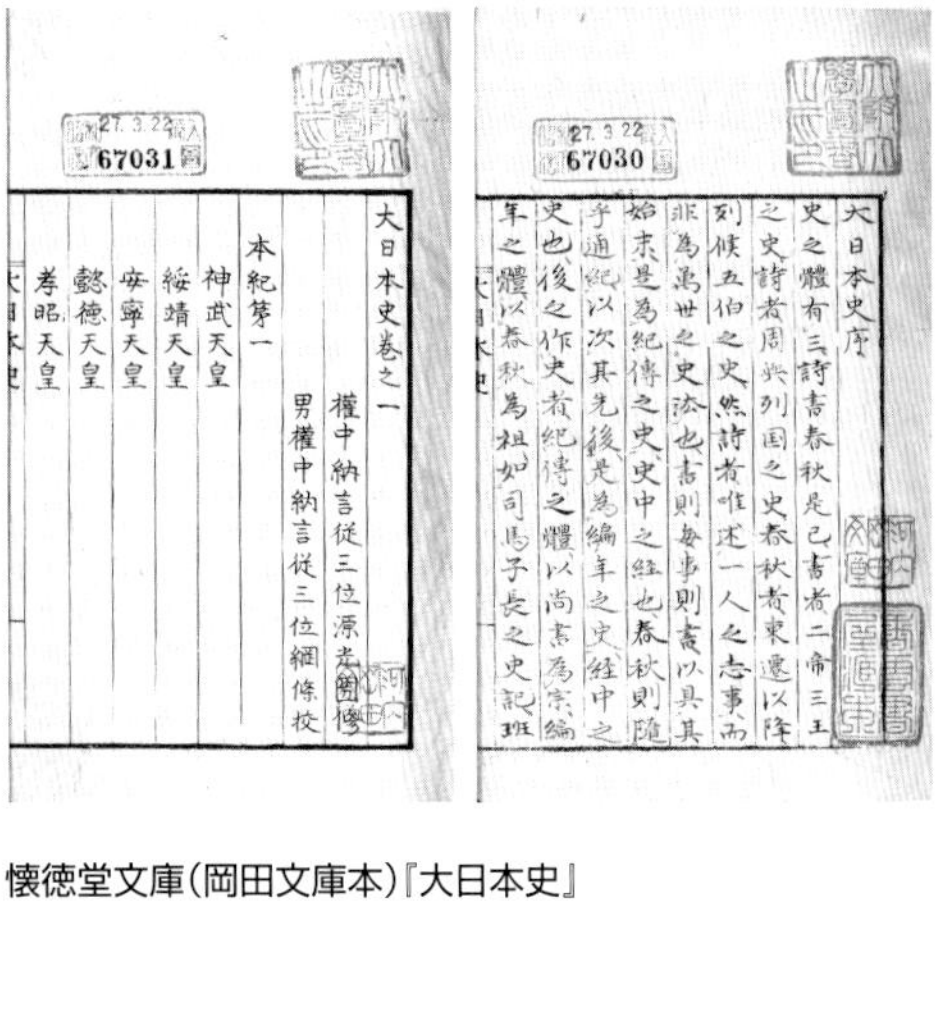

懐徳堂文庫（岡田文庫本）『大日本史』

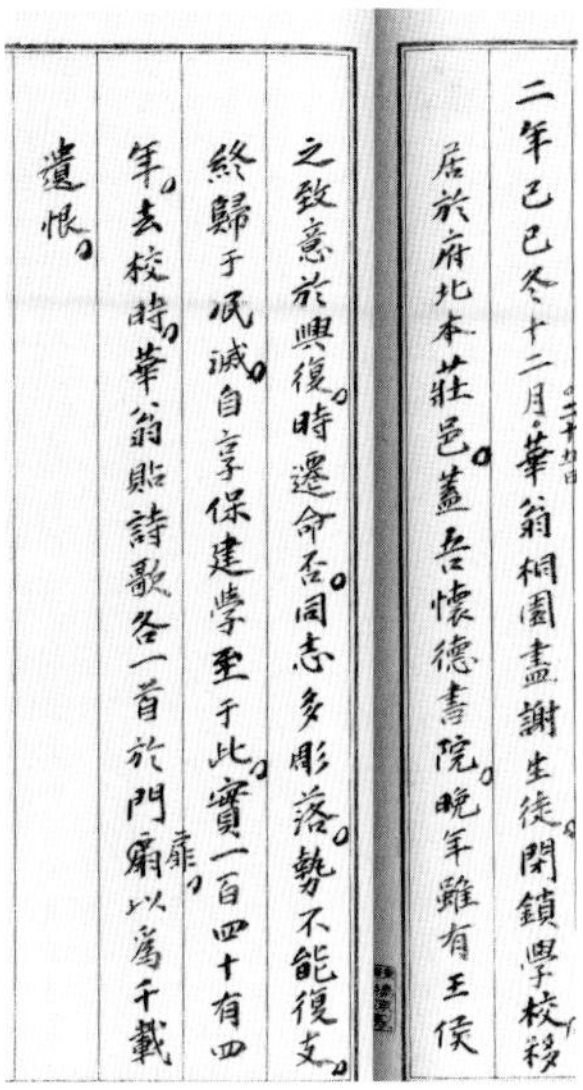
二十五日
二年己巳冬十二月。華翁桐園盡謝生徒閉鎖學校移居於府北本莊邑。蓋吾懷徳書院。晩年雖有王侯之致意於興復時遷命否。同志多彫落勢不能復支。終歸于泯滅。自享保建學至于此實一百四十有四年。去校時。華翁貼詩歌各一首於門扉以爲千載遺恨。

『懐徳堂紀年』明治二年の条

二年己巳冬十二月二十五日、華翁桐園尽く生徒に謝し、学校を閉鎖して、居を府北本荘邑に移す。蓋し吾が懐徳書院、晩年に王侯の意を復興に致すこと有りと雖も、時遷り命否なり。同志多く彫落し、勢復た支うること能わず。終に泯滅に帰す。享保建学より此に至るまで、実に一百四十有四年なり。校を去るの時、華翁詩歌各おの一首を門扉に貼り以て千載の遺恨と為す。

懐徳堂閉校

懐徳堂の財政不安

幕末期の物価高騰により、懐徳堂の財政は不安定になっていった。大坂町奉行からの支援は得られず、また同志からの援助も十分ではなかった。

明治二年（一八六九）一月、新政府から免税措置の解除が通告されると、懐徳堂の経営はいよいよ行き詰まった。

懐徳堂の終焉

明治二年十一月、懐徳堂最後の預り人・中井桐園は『逸史』『非物篇』『非徴』などの版木までも売りに出したが、財政を立て直すことはできなかった。

十二月二十五日、懐徳堂最後の教授・並河寒泉は、桐園とともに懐徳堂を去った。この時寒泉は、漢詩一首と、「百余り四十路四とせのふみの宿けふを限りと見かへりて出づ」の歌（「出懐徳堂歌」）を門に貼り付けた。

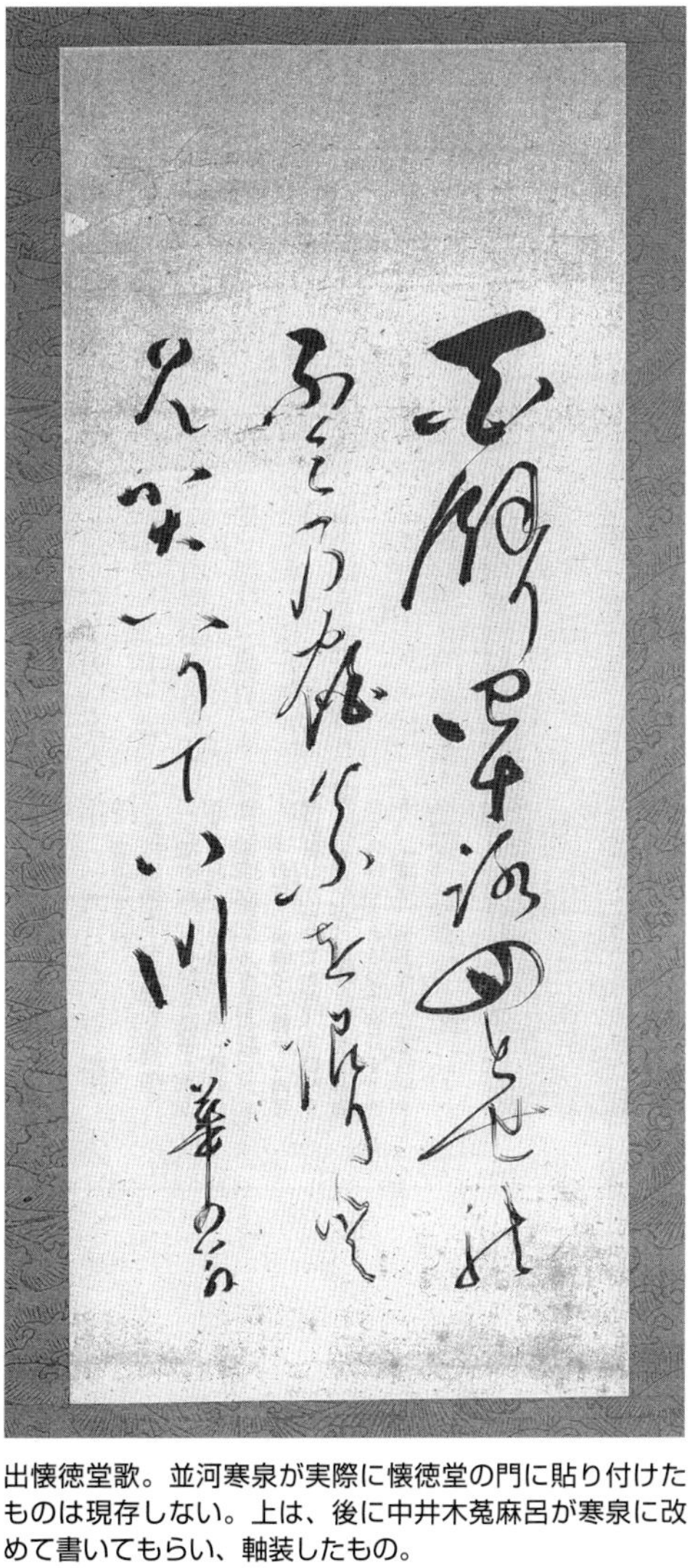

出懐徳堂歌。並河寒泉が実際に懐徳堂の門に貼り付けたものは現存しない。上は、後に中井木菟麻呂が寒泉に改めて書いてもらい、軸装したもの。

懐徳堂の大事件

明治・大正・昭和前期

明治四三年（一九一〇）

懐徳堂記念会　設立

明治二年（一八六九）に懐徳堂が閉校となってから約四十年の後、日本は、明治維新以来の西洋化による繁栄の陰で、頼るべき精神的な支柱を見失いつつあった。こうした危機感は、旧懐徳堂で講じられていた倫理道徳の復活を促すこととなった。懐徳堂の復興を悲願としていた中井家子孫の中井木菟麻呂《つぐまろ》、朝日新聞社記者として懐徳堂の顕彰に努めた西村天囚《にしむらてんしゅう》。かれらの運動はやがて大阪の政財言論界の支援のもと、懐徳堂の復興へとつながっていった。

明治四十三年（一九一〇）、西村天囚らの呼びかけで設立された記念会には、大阪の政治・経済・文化を代表する人物が名を連ね、全国から特別会員六二二名、普通会員一三七〇名が加入した。

大正二年（一九一三）八月には、財団法人の認可を受け、永田仁助（浪速銀行頭取）を理事長として法人登記を行った。

中井木菟麻呂

西村天囚

懐徳堂記念会 活動開始

明治四十三年（一九一〇）に設立された懐徳堂記念会は、その翌年、さっそく精力的な活動を開始した。

明治四十四年（一九一一）、中之島公会堂において第一回の懐徳堂師儒公祭《しじゅこうさい》が挙行された。

師儒公祭とは、懐徳堂の先賢を儒式によって祭る式典である。発起人には、高崎親章（大阪府知事）、植村俊平（大阪市長）、村山龍平（朝日新聞社長）、本山彦一（大阪毎日新聞社長）、住友吉左衛門（住友銀行社主）、鴻池善右衛門（鴻池銀行社主）など、政財言論界の著名人が名を連ねていた。また、十月一日〜六日には、懐徳堂展覧会が府立大阪博物場美術館で開催された。

一方、懐徳堂記念会の設立を主導した西村天囚（朝日新聞記者、のち京大講師）は、大阪朝日新聞に「懐徳堂研究」を連載して、その顕彰に努めた。『懐徳堂考』は、その連載をもとにまとめられた懐徳堂の通史である。

さらに、旧懐徳堂所蔵の貴重書を翻刻して刊行することとなり、三宅石庵の『論孟首章講義』、中井甃庵の『五孝子伝』などが「懐徳堂五種」として刊行された。

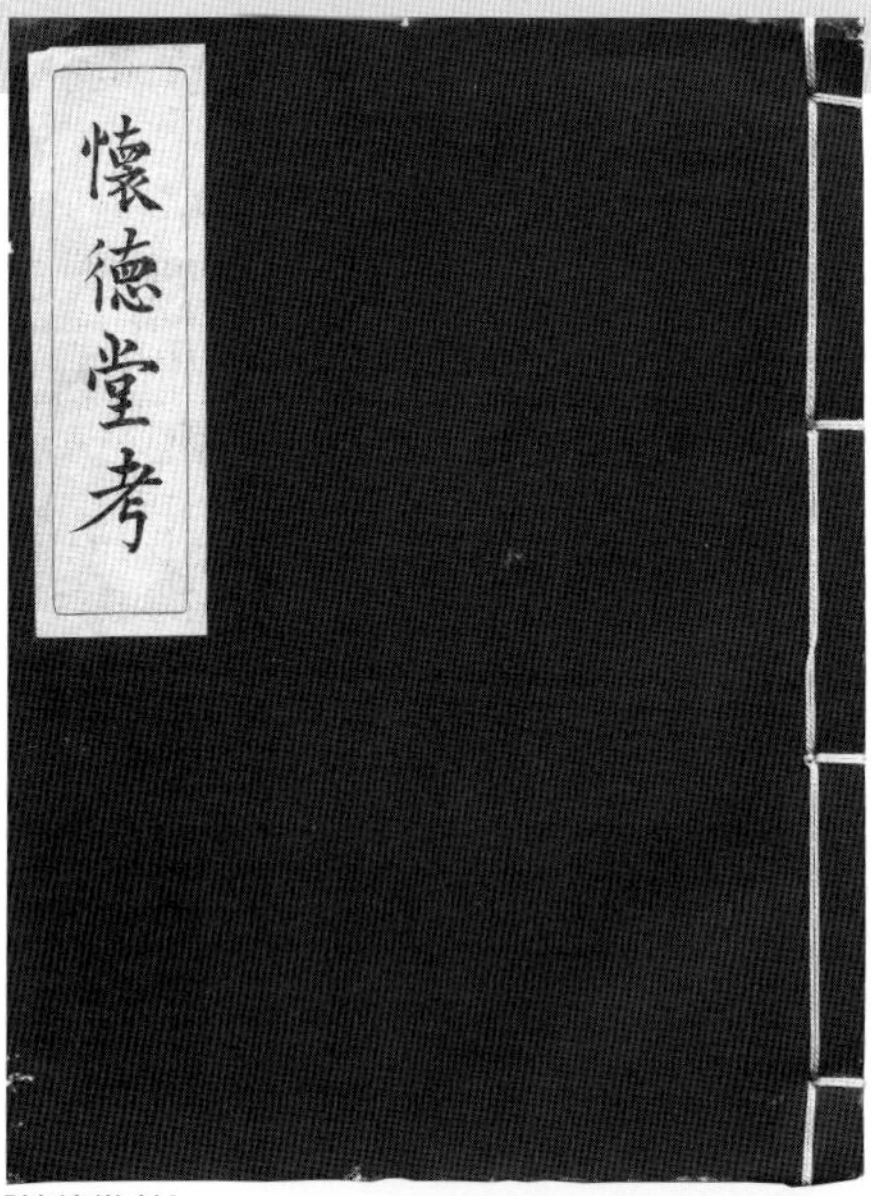

『懐徳堂考』

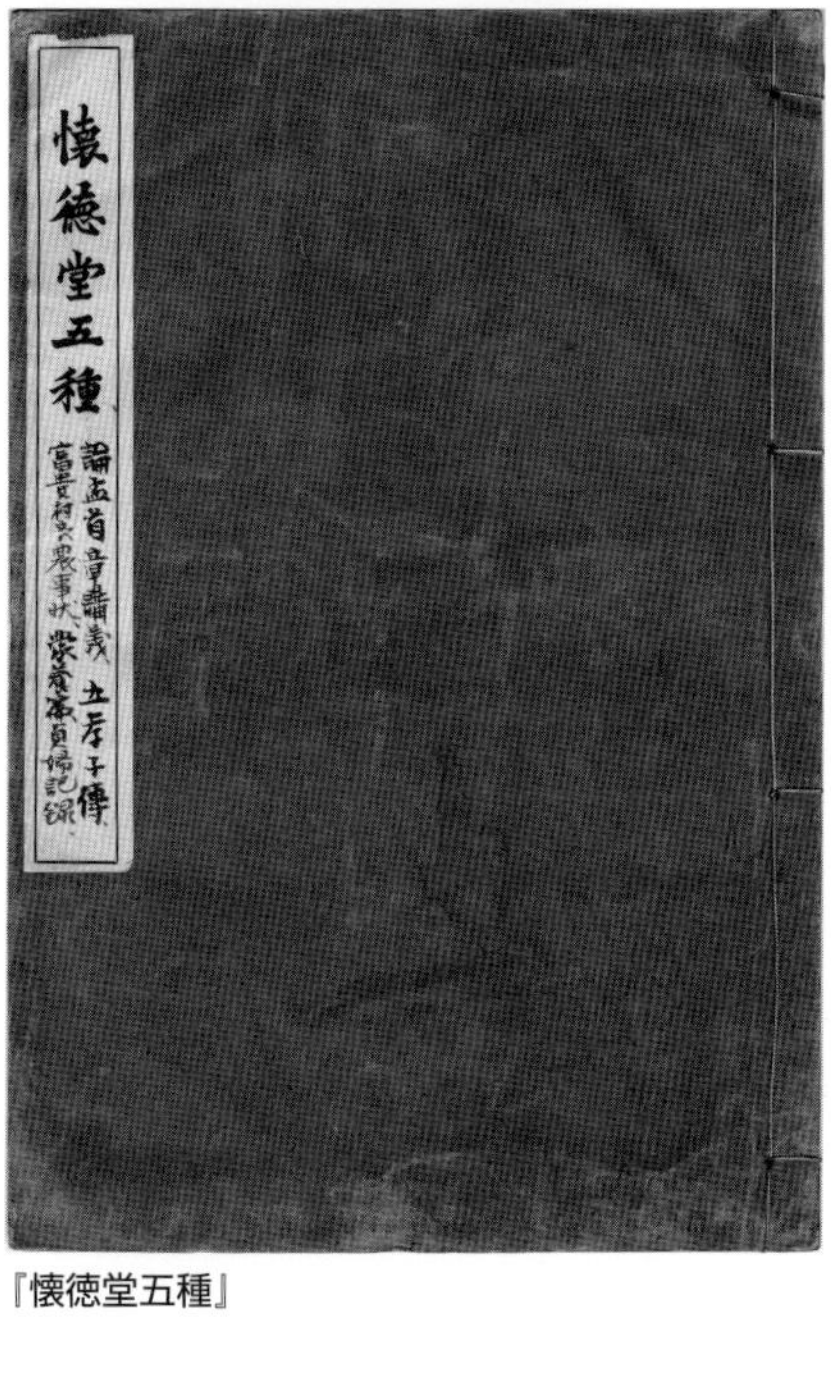

『懐徳堂五種』

大正五年（一九一六）

重建懐徳堂玄関

重建懐徳堂 竣工

大正二年（一九一三）に財団法人として認可を受けた懐徳堂記念会は、大正四年（一九一五）に学舎の建設を決め、十月に地鎮祭を行い、翌年九月、竣工した。これを、江戸時代の旧懐徳堂に対して、重建懐徳堂《ちょうけんかいとくどう》という。敷地は、府立大阪博物場西北隅にあたる三六一坪が無償で貸与された。大阪市東区豊後町十九番地（現・中央区本町橋）で、現在の大阪商工会議所、マイドーム大阪のある場所である。

講堂では、昭和二十年（一九四五）三月の大阪大空襲によって焼失（書庫を除く）するまで、大阪市民のための授業が行われた。授業には、中国の古典と日本の古典とを中心にした講義（平日の夕刻と日曜の午後の一週五回）、人文科学の高度な内容の定期講演（毎週土曜日）、一般教養的な通俗講演（月に一〜二回）、年少者を対象とする素読《そどく》科などがあった。

講演は無料、講義も低額の堂費（月額二十銭から二円）で受講できたため、多数の市民が来聴し、大阪の文科大学・市民大学の役割を果たした。

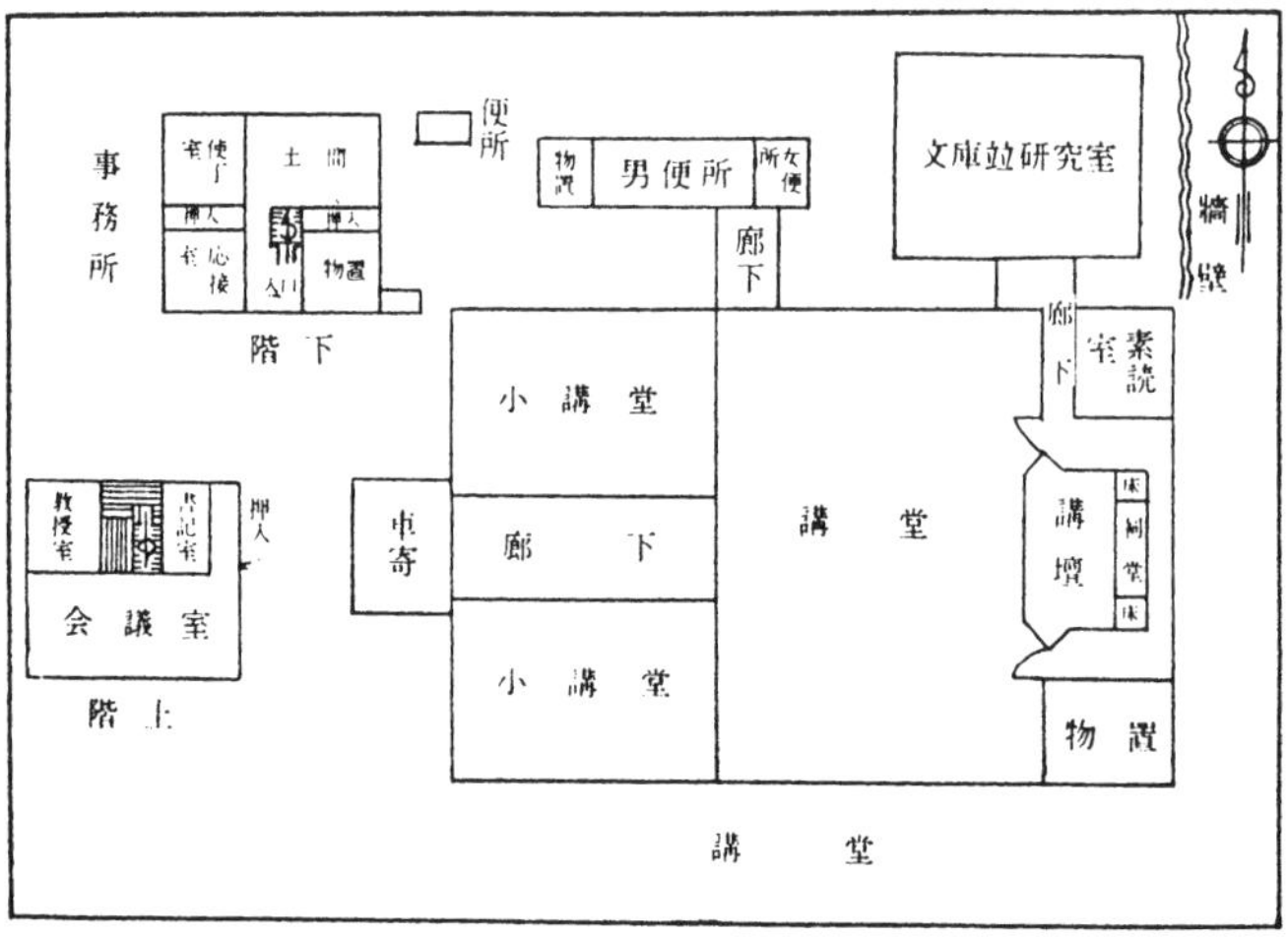

重建懐徳堂平面図

大正十二年（一九二三）

『論語義疏』出版される

大正十一年（一九二二）は、中国儒教の祖・孔子の没後二四〇〇年にあたり、懐徳堂では、その記念式典が挙行された。また、記念事業の一環として、『論語義《ぎ》疏《そ》』が刊行されることとなった。『論語義疏』は梁《りょう》の皇侃《おうがん》（四八八～五四五）の編集で、『論語』のすぐれた注釈書であったが、中国で散逸し、わが国に伝存していた、いわゆる佚存書《いつぞんしょ》である。重建懐徳堂講師の任にあった武内義雄《たけうちよしお》は、この書の古鈔本（古い写本のテキスト）を収集して校勘（文字の異同・正誤を調べること）し、定本を作成した。翌年の大正十二年（一九二三）に懐徳堂から刊行された『論語義疏』は、現在でも、『論語義疏』の最も優れたテキストと評価されている。

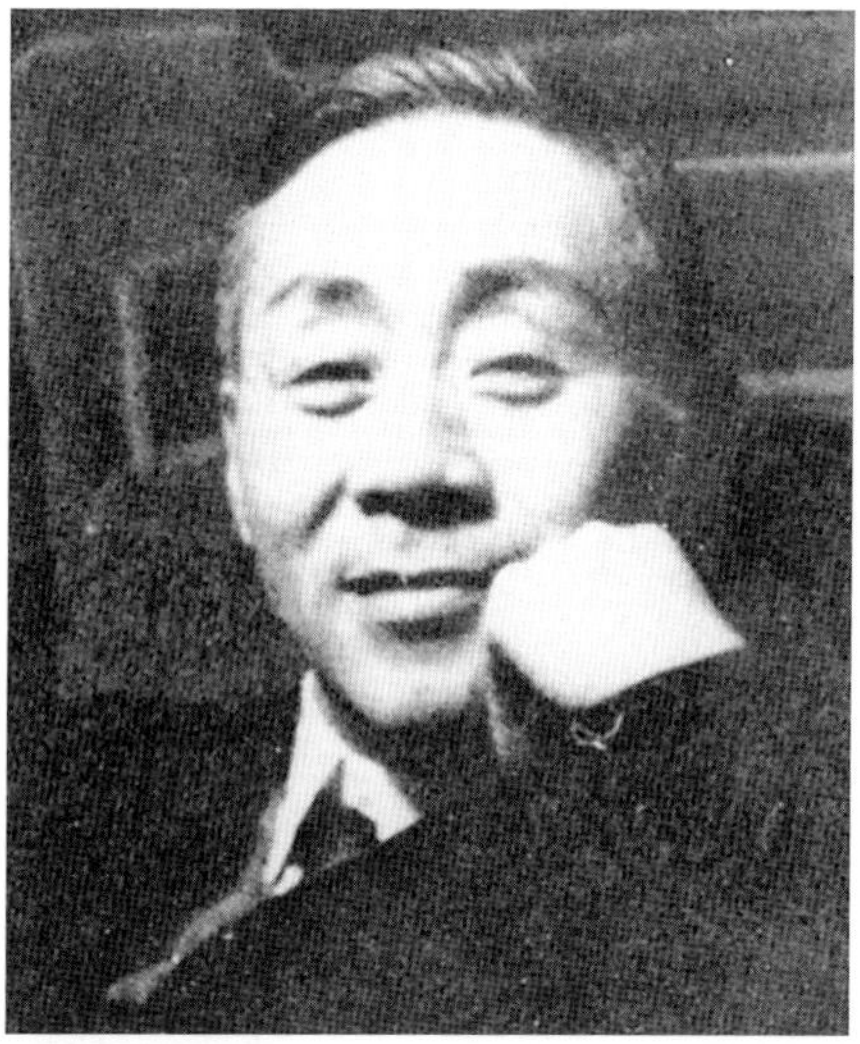
武内義雄

懐徳堂版『論語義疏』

大正十三年（一九二四）

『懐徳』創刊

大正十三年（一九二四）、（財）懐徳堂記念会は機関誌『懐徳』を創刊した。はじめは、懐徳堂の同窓会的役割を持つ「堂友会」の編集によっていたが、戦後は、大阪大学文学部内の運営委員会により編集が行われている。

内容は、懐徳堂関係を主とした漢文学、日本文学などに関する学術論文、随想などのほか、懐徳堂記念会が主催する「懐徳堂講座」の講演要旨や、「資料報告」「懐徳堂関係研究文献提要」などからなる。昭和十六年（一九四一）から昭和二十三年まで一時休刊したが、原則として年一回の刊行が続けられており、懐徳堂関係論著や記念会の足跡についての貴重な資料集となっている。

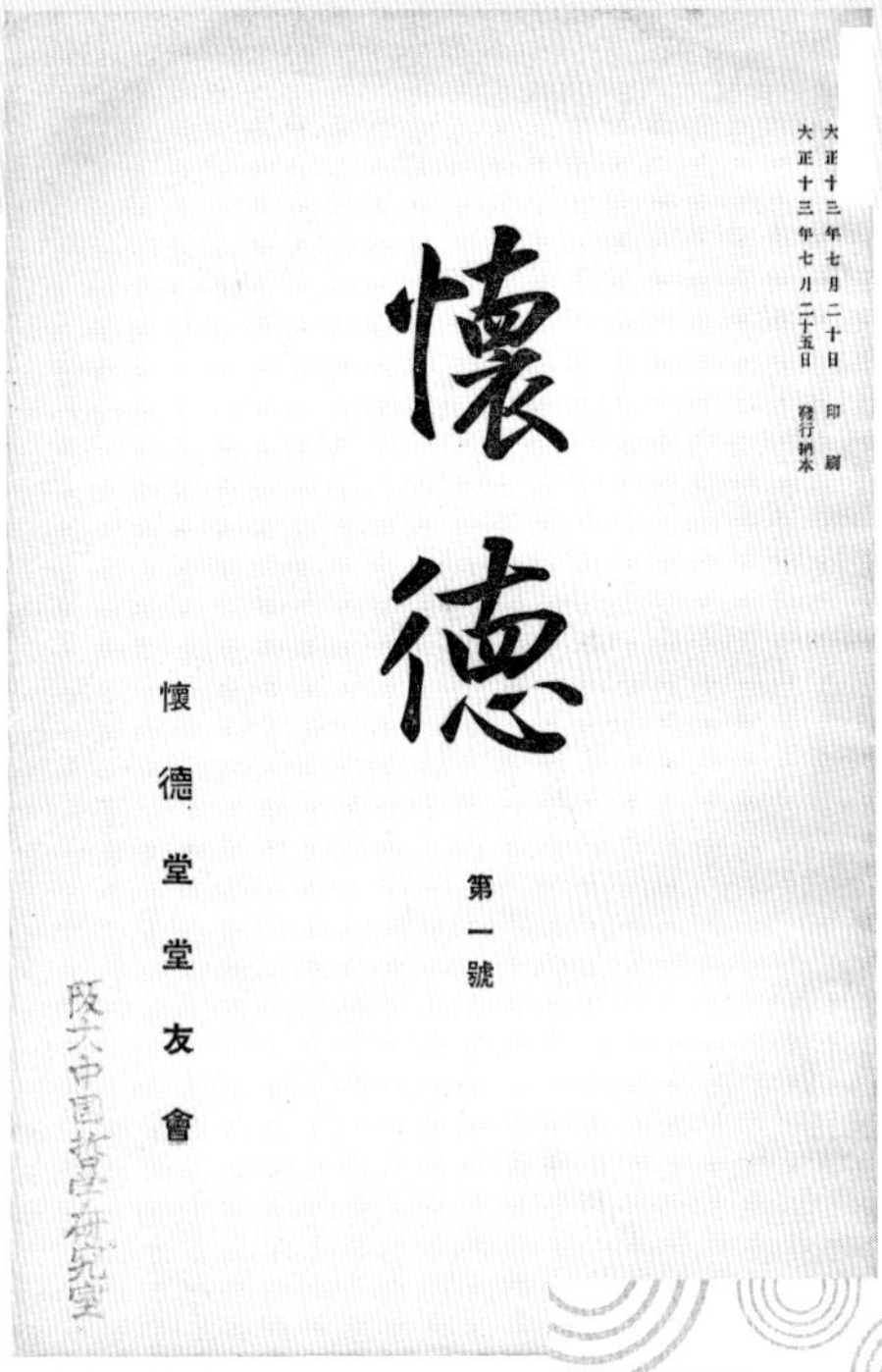

『懐徳』創刊号

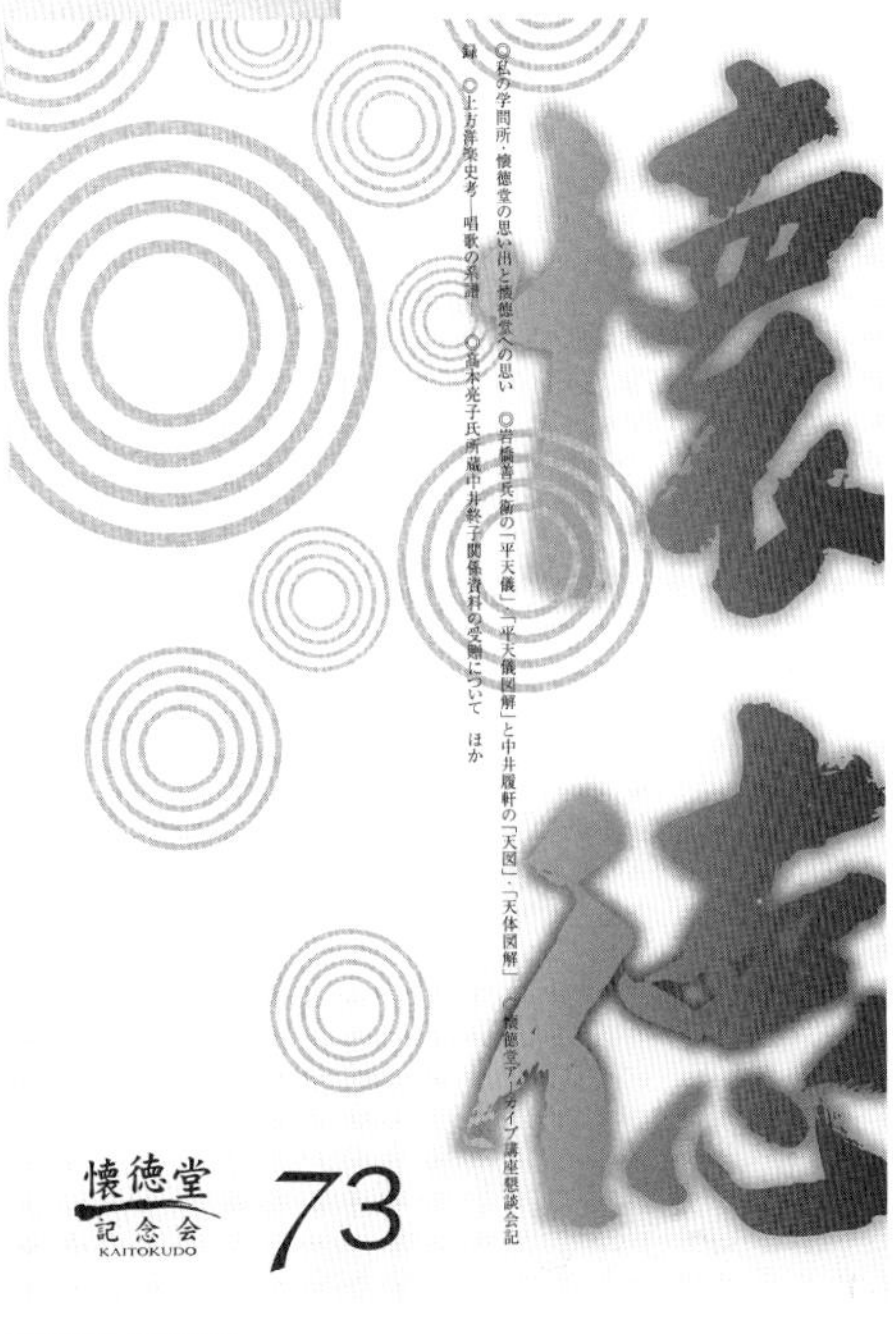

『懐徳』最新号

昭和十四年（一九三九）

祭文を読む中井木菟麻呂

中井木菟麻呂 中井家伝来資料を寄贈

中井木菟麻呂《つぐまろ》は、中井桐園《とうえん》の長男で、中井竹山の曽孫に当たる。安政二年（一八五五）、懐徳堂内で生まれ、十四歳で懐徳堂の閉校を迎えた。その後、中井家伝来の書籍などの保管、懐徳堂関係資料の収集、懐徳堂学舎の再建に努めた。重建懐徳堂が設立された後は、二度にわたって中井家伝来の貴重資料を懐徳堂記念会に寄贈した。

昭和七年（一九三二）には、旧懐徳堂の屏風・扁額、中井甃庵・竹山・蕉園・碩果の遺書類など、中井氏一家の遺品を記念会に寄進し、また、昭和十四年（一九三九）には、旧懐徳堂および水哉館《すいさいかん》（中井履軒の私塾）の遺書遺物を寄贈した。現在、懐徳堂文庫所蔵資料で「天生寄進」の印記があるものがそれである。「天生」とは木菟麻呂の号である。

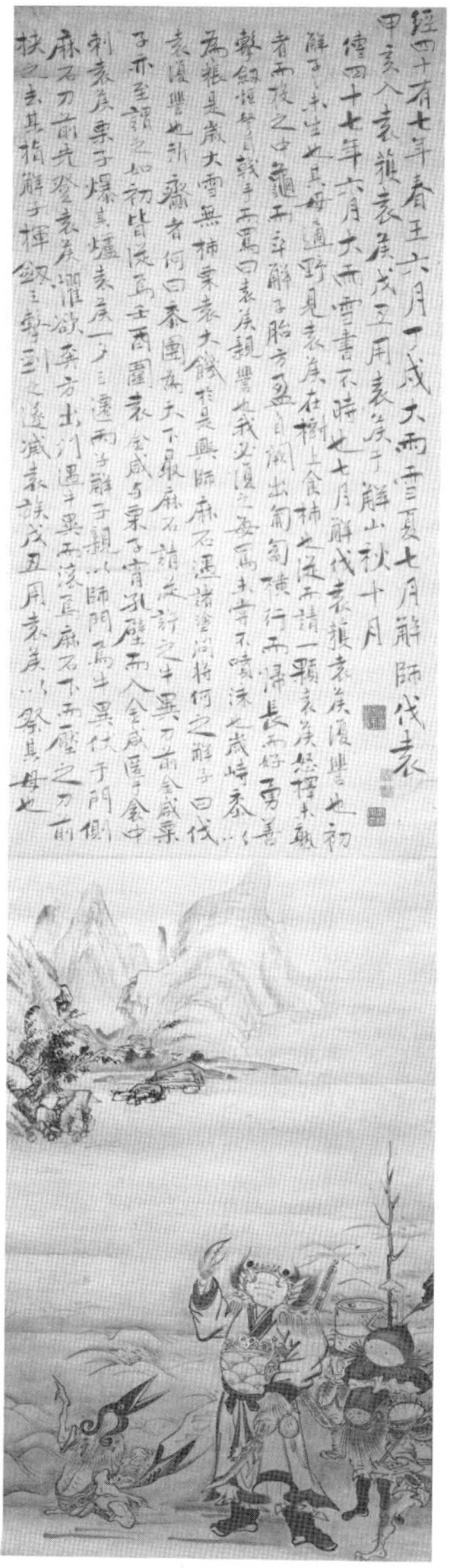

中井木菟麻呂から寄贈された貴重資料　左…解師伐袁図　右…『蒙養篇』

よみがえる懐徳堂の編年史 ―『懐徳堂紀年』―

『懐徳堂紀年』の謎

『懐徳堂紀年』は、懐徳堂に関連する出来事を年表風に記した、懐徳堂の編年史である。元禄十三年（一七〇〇）から明治二年（一八六九）までの出来事が、漢文で記されている。懐徳堂の編年史としては最も古く、江戸時代の懐徳堂の歴史全体をよくまとめている。

もっとも、『懐徳堂紀年』はこれまでほとんど注目されてこなかった。忘れ去られていたといっても過言ではない。大阪大学図書館の懐徳堂文庫資料の目録『懐徳堂文庫図書目録』（大阪大学文学部、昭和五十一年）にも、『懐徳堂紀年』については全く記載がない。

『懐徳堂紀年』とは何なのか。この問いは、平成十三年（二〇〇一）、懐徳堂文庫資料のデジタル・コンテンツ化に向けての調査中に、懐徳堂文庫の新田《にった》文庫で『懐徳堂紀年』が発見されたことから浮かび上がった。

新田文庫は、中井木菟麻呂《つぐまろ》の異母妹・終子の養女である新田和子が所蔵していた資料で、懐徳堂の学主を歴代つとめた中井家伝来の貴重資料を多数含んでいる。ただし、新田文庫が大阪大学へ寄贈されたのは昭和五十四年（一九七九）と昭和五十八年（一九八三）のことで、『懐徳堂文庫図書目録』の刊行後であった。

『懐徳堂紀年』は、その巻末にある識語から、大正三年（一九一四）十一月に、中井木菟麻呂によって執筆されたものであることが分かる。しかし、木菟麻呂が何のために執筆したのかについては述べられておらず、『懐徳堂紀年』の発見当初、その成立事情はまったくの謎であった。

三つの『懐徳堂紀年』

ところが、その後、懐徳堂文庫の北山《ほくざん》文庫の中からも『懐徳堂紀年』が発見された。

北山文庫は、重建懐徳堂最後の教授であった吉田鋭雄《はやお》（北山はその号）の旧蔵書で、昭和三十一年（一九五六）と昭和五十四年（一九七九）に

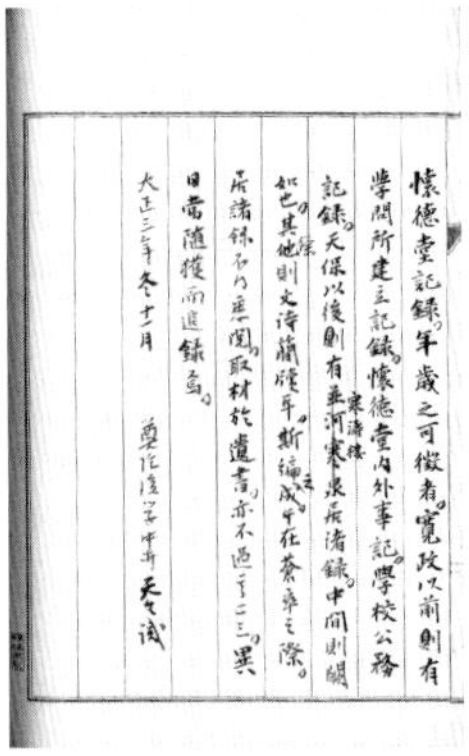
新田文庫本巻末

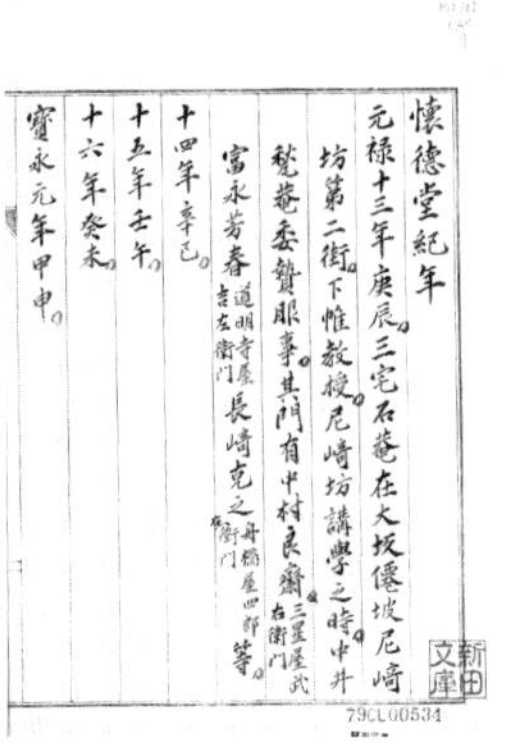
新田文庫本巻頭

新田文庫本表紙

大阪大学に寄贈された。北山文庫の『懐徳堂紀年』についても『懐徳堂文庫図書目録』に記載されていないのは、『懐徳堂文庫図書目録』刊行後の、昭和五十四年に寄贈された資料の一つであったためである。

新田文庫の『懐徳堂紀年』（以下、新田文庫本）と北山文庫の『懐徳堂紀年』（以下、北山文庫本）とは、本文や巻末の識語の内容もほとんど同一で、使用されている罫紙やその葉数も同じである。もっとも、新田文庫本に後から書き加えられている修正が、北山文庫本の本文に反映されていることから、新田文庫本が先に成立し、その後で北山文庫本が成立したと考えられる。また北山文庫本には、新田文庫本にはまったく見られない朱筆の修正が、多数加えられているのが認められた。

『懐徳堂紀年』の成立事情を解明する鍵となったのは、北山文庫本に挟み込まれていた一枚の原稿用紙である。そこには漢文で、北山文庫本の由来が記されていた。執筆したのは上松寅三、昭和初期に大阪府立図書館に勤め、重建懐徳堂の幹事でもあった人物である。

昭和四年（一九二九）に書かれたその由来によれば、大正三年（一九一四）十一月、大正天皇が陸軍大演習を統監するため大阪に行幸した。この時懐徳堂記念会は、大正天皇に懐徳堂の編年史を献上することにし、その執筆を中井木菟麻呂に依頼した。木菟麻呂は依頼に応じ、執筆した原稿を記念会に呈上、その原稿に記念会の理事であった西村天囚が修正を加えて浄書し、献上が行われた。北山文庫本は、大正天皇に献上された懐徳堂の編年史・『懐徳堂紀年』の稿本だったのである。

懐徳堂記念会が大正天皇に献上した『懐徳堂紀年』が実在するのかどうかを探索すると、果たして宮内庁書陵部の図書目録（宮内庁書陵部編『和漢図書分類目録』）に記載があった。平成十四年（二〇〇二）八月、筆者は許可を得て、宮内庁書陵部蔵の『懐徳堂紀年』（以下、宮内庁本）について調査を行った。その結果、宮内庁本は、北山文庫本にある朱筆の修正に従って浄書されていることが確認された。

こうして懐徳堂記念会が大正天皇に献上した懐徳堂の編年史『懐徳堂紀年』はよみがえり、その成立事情も明らかとなった。新田文庫本は、懐徳堂記念会からの依頼を受けた中井木菟麻呂が執筆した第一次稿本、北山文庫本は、木菟麻呂が懐徳堂記念会に呈上した第二次稿本、宮内庁本は、記念会が大正天皇に献上した浄書本だったのである。

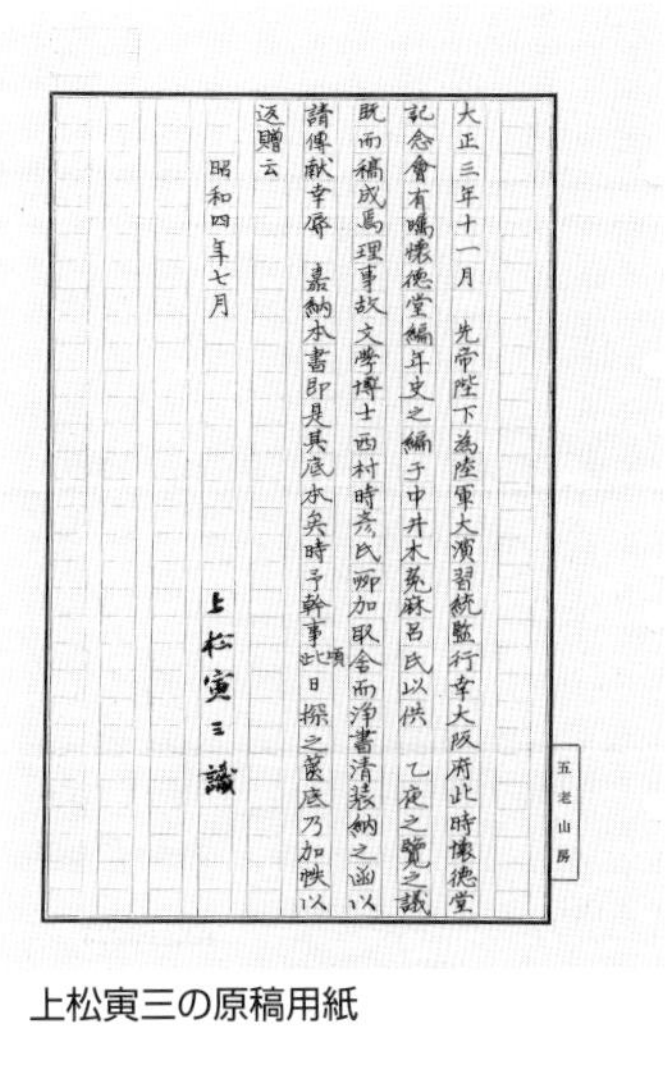
大正三年十一月　先帝陛下為陸軍大演習統監行幸大阪府此時懐徳堂
記念會有囑懐徳堂編年史之編于中井木菟麻呂氏以供　乙夜之覽之議
既而稿成焉理事故文學博士西村時彦氏就加取舍而浄書清装納之函以
請傳獻幸辱　嘉納本書即是其底本矣時予幹事此頃日探之篋底乃加帙以
送贈云
昭和四年七月
上松寅三識
五老山房

上松寅三の原稿用紙

西村天囚による修正

上松寅三によれば、北山文庫本に残る朱筆の書込・修正は、懐徳堂記念会の理事であった西村天囚によるものである。この天囚の修正については、次の二つの点が注目される。

第一は、天囚が特に幕末の懐徳堂に関する記述を、大幅に削除している点である。

具体的に、安政元年（一八五四）から慶応三年（一八六七）にかけての記述について見てみると、新田文庫本・北山文庫本では約十三葉分もの分量がある。これは『懐徳堂紀年』全三十八葉の約三分の一に当たる。天囚はこの部分に大幅な削除を加えた。その結果、宮内庁本の該当部分は約一葉分、全十六葉のわずか十六分の一しかない。

西村天囚

第二は、新田文庫本・北山文庫本の巻末にある木菟麻呂の識語と署名とを、すべて削除している点である。

木菟麻呂の識語には、執筆に用いられた資料の説明と、時間的制約から資料の収集が十分ではなかったので後日補いたい、との意欲が述べられている。宮内庁本はこの識語と署名とが削られ、「財団法人懐徳堂記念会編」とだけ記されている。

木菟麻呂も、記念会に呈上した北山文庫本がそのまま天皇に献上されるとは考えていなかったであろうが、これほど大幅な削除・修正が加えられ、そして木菟麻呂の功績が抹消されることになるとは予期していなかったと推測される。

懐徳堂紀年

北山文庫本表紙

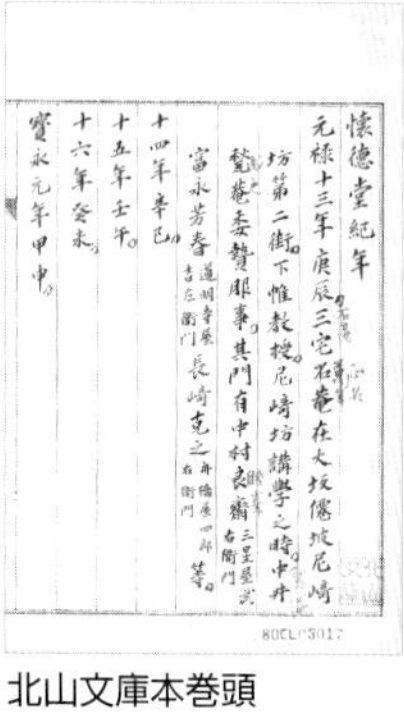

懐徳堂紀年
元禄十三年庚辰三宅石菴在大坂船場尼崎
坊第二街。下帷教授尼崎坊講學之時中井
甃菴委贄那事。其門有中村良齋 三星屋武右衛門
富永芳春 道明寺屋吉左衛門 長崎克之 舟橋屋四郎右衛門 等。
十四年辛巳。
十五年壬午。
十六年癸未。
寶永元年甲申。

北山文庫本巻頭

懐徳堂記録。年歳之可徵者。寛政以前有學
問所建立記録。懐徳堂内外事記。學校公務記
録。天保以後有寒濤楼居諸録。中間則闕如也。
其餘則文詩簡牘耳。斯編之成。在蒼卒之際。居
諸録不得悉閲。取材於遺書。亦不過其二三。異日
當随獲而追録焉。
大正三年冬十一月　奠陰後學中井天生識

北山文庫本巻末

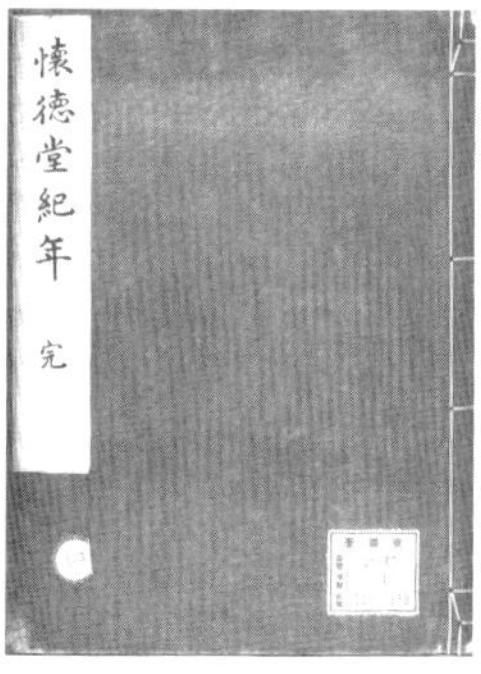

懐徳堂紀年　完

宮内庁本表紙

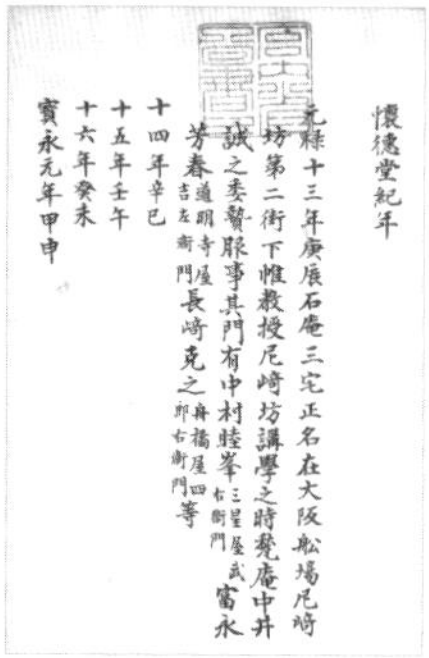

懐徳堂紀年
元禄十三年庚辰石菴三宅正名在大阪船場尼崎
坊第二街下帷教授尼崎坊講學之時甃庵中井
誠之委贄服事其門有中村睦峯 三星屋武右衛門 富永
芳春 道明寺屋吉左衛門 長崎克之 舟橋屋四郎右衛門 等
十四年辛巳
十五年壬午
十六年癸未
寶永元年甲申

宮内庁本巻頭

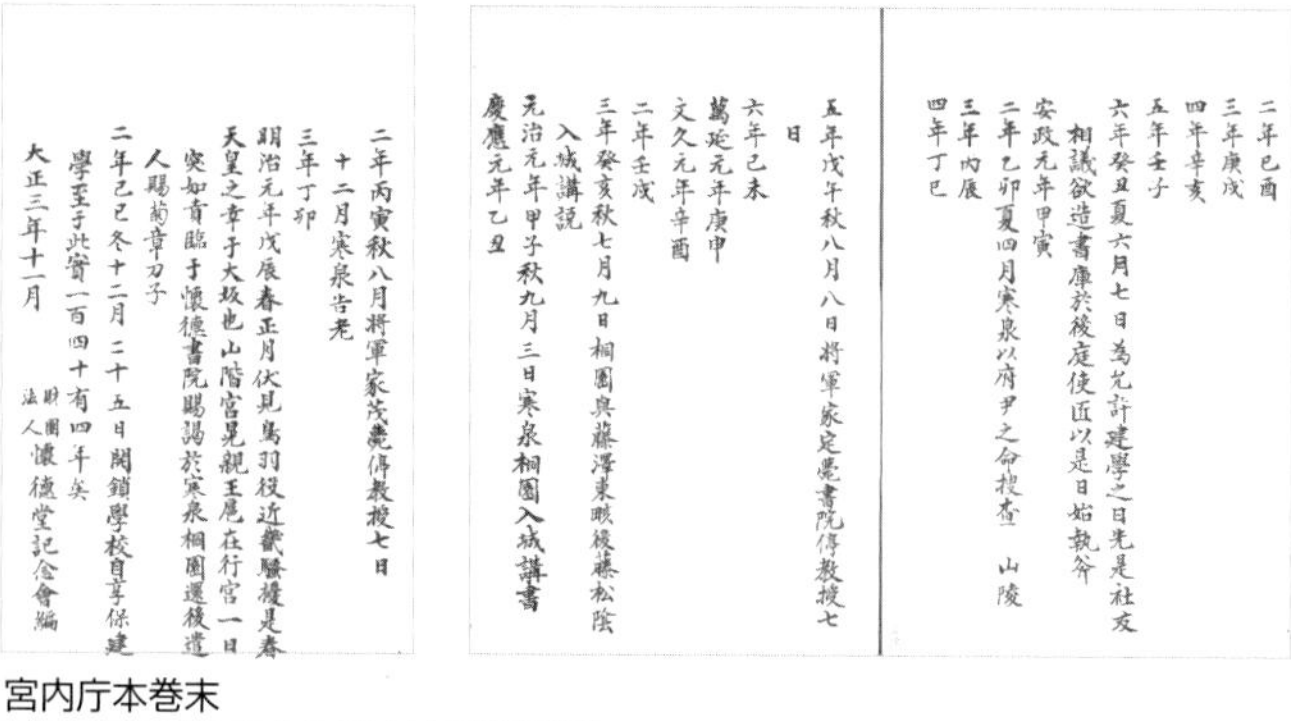

二年己酉
三年庚戌
四年辛亥
五年壬子
六年癸丑夏六月七日為允許建學之日先是社友
相議欲造書庫於後庭使匠以是日始執斧
安政元年甲寅
二年乙卯夏四月寒泉以府尹之命捜查　山陵
三年丙辰
四年丁巳
五年戊午秋八月八日將軍家定薨書院停教授七
日
六年己未
萬延元年庚申
文久元年辛酉
二年壬戌
三年癸亥秋七月九日桐園與藤澤東畡後藤松陰
入城講説
元治元年甲子秋九月三日寒泉桐園入城講書
慶應元年乙丑
二年丙寅秋八月將軍家茂薨停教授七日
十二月寒泉告老
三年丁卯
明治元年戊辰春正月伏見鳥羽役近畿騒擾是春
天皇之幸于大坂也山階宮晃親王扈在行宮一日
突如賁臨于懐徳書院賜謁於寒泉桐園還後遣
人賜菊章刀子
二年己巳冬十二月二十五日閉鎖學校自享保建
學至于此實一百四十有四年矣
大正三年十一月　財團法人懐徳堂記念會編

宮内庁本巻末
（宮内庁本はいずれも宮内庁書陵部蔵）

懐徳堂記念会と献上

　『懐徳堂紀年』に関しては、新たな謎が浮上している。大正時代の末、懐徳堂記念会はその創立前後の事情を、「懐徳堂復興小史」（再刊本『懐徳堂考』所収。大正十四年［一九二五］）や「新懐徳堂沿革」（『懐徳堂要覧』所収。大正十五年［一九二六］）にまとめている。ところが、こうした記念会が作成した記録は、大正天皇への『懐徳堂紀年』献上について、一言も触れていないのである。

　両資料とも、懐徳堂記念会が大正天皇より下賜金を二度受けたことについては大きく取り上げており、天皇との関係を重視する記念会の姿勢が窺える。それだけに、大正天皇に『懐徳堂紀年』を献上したことに触れていないのは甚だ不可解である。『懐徳堂紀年』がその後忘れ去られてしまったのは、こうした記念会の不可解な態度の結果であろう。

　懐徳堂記念会はなぜ『懐徳堂紀年』の献上について沈黙したのか。残念ながら、今のところその理由は明らかではない。推測に過ぎないが、『懐徳堂紀年』の献上は西村天囚を中心とする一部の記念会関係者の独断で行われ、そのことが後日記念会内部で問題化した、といったことがあったのではなかろうか。また、懐徳堂を「公立の学問所」と位置付け、中井氏の「私学」ではなかったと強く主張していた西村天囚と、中井家の後継者・木菟麻呂との間に、何らかのトラブルがあった可能性も考えられる。

　『懐徳堂紀年』の献上について沈黙する懐徳堂記念会——その沈黙の陰には、未だ知られざるドラマが潜んでいるに違いない。

懐德堂復興小史（懐德堂記念會記事鈔錄）

一、懐德堂記念會の成立幷に其の事業

懐德堂學徒離散、絃誦の聲を絶つこと四十年にして、天運循環し來り、復興の氣運は茲に復た開けぬ。而して實に其の端を大阪人文會に發せり。人文會は大阪府立圖書館長今井貫一君の首唱に係り、大阪人文の發達を討査し、幽を闡き微を顯はして、以て文化と風敎とに貢獻せんとする在阪好學の士より成りしものなり。明治四十三年一月十九日、會員西村時彥君、其の例會に於て、懐德堂敎授たりし五井蘭洲先生の傳を講演せしに、講畢りて後、懐德堂師儒諸先生の爲に公祭を擧行すべしとの議は、期せずして衆口より發し、全會一致を以て議決せられたり。是より先き、中井竹山先生の曾孫中井木菟麿君は、大阪市史編纂員幸田成友君と共に、成齋重野先生の介紹を以て、西村君に面し、懐德堂公祭の擧に謀り及びしこともありしも、時未だ到らずして、其事中輟せしが、此に至りて、人文會の議忽ち決して、首唱實行の責に任ずることゝなりしは、會員全體の篤志に出でしなり。是れ實に懐德堂記念會創立の發端にして、懐德堂復興の濫觴なり。人文會の議に曰く、懐德堂は中井氏の私學に非ずして、幕府の保護と志ある市民の協力とに成りし公立の學問所なり。然れば公祭は大阪人文會の私すべきに非ず、大阪府敎育會は勿論、（當時市敎育會は解散して、未だ復興せざりき。）懐德堂に緣故深き鴻池善右衞門君（懐德堂創立五同志の一人なる鴻池宗古は、其の一族なり。）住友吉左衞門君（其の一族にして別子銅山に功ありし入江育齋通稱泉屋理兵衞は、性理學を修めたるが、五井蘭洲の門人なり。）を初として、同志の紳士に請ふに發起人たらんことを以てすべしと。因りて同年九月、會員西村時彥君は、會の決議を齎らして、歷訪勸說するところありしに、皆深厚なる同意を表し、此の擧の世道人

附　　一

再刊本『懐徳堂考』の「懐徳堂復興小史」

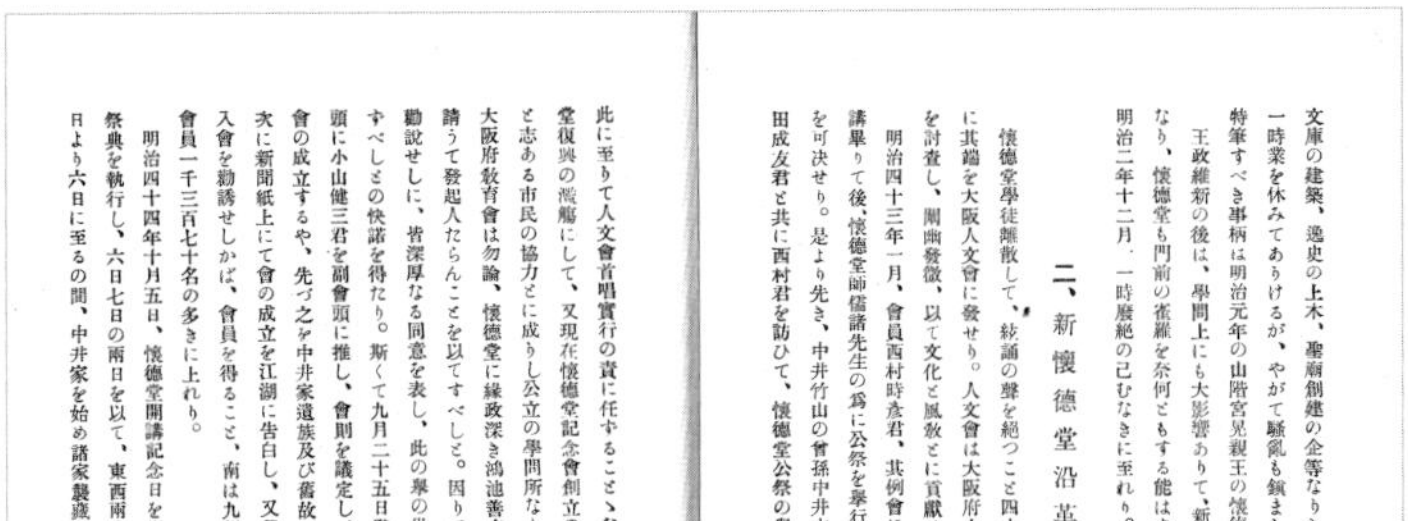

一二

文庫の建築、逸史の上木、聖廟創建の企等なりき。伏見鳥羽の戰ありて、大阪も人心恟々、懐德堂も一時業を休みてありけるが、やがて騷亂も鎭まりしより、以前の如く敎授を始めたり。此頃に於ける特筆すべき事柄は明治元年の山階宮晃親王の懐德堂へ台臨あらせられしことなり。

王政維新の後は、學問上にも大影響ありて、新しきを尙び、舊きを厭ふ時代の傾向は、洋學の天下となり、懐德堂も門前の雀羅を奈何ともする能はず、頽勢の支持すべからざるを知り、校門を閉せしは明治二年十二月、一時廢絕の已むなきに至れり。甃菴創立の享保九年を去ること一百四十有六年なり

二、新懐德堂沿革（懐德堂記念會記錄抄錄）附、年譜

懐德堂學徒離散して、絃誦の聲を絶つこと四十年にして、復興の氣運は茲に復た開けぬ。而して實に其端を大阪人文會に發せり。人文會は大阪府立圖書館長今井貫一君の首唱に係り、大阪人文の發達を討査し、闡幽發微、以て文化と風敎とに貢獻せんとする在阪好學の士より成りしものなり。

明治四十三年一月、會員西村時彥君、其例會に於て懐德堂敎授たりし五井蘭洲の傳を講演せしに、講畢りて後、懐德堂師儒諸先生の爲に公祭を擧行せばやとの議、期せずして衆口より發し、全會一致之を可決せり。是より先き、中井竹山の曾孫中井木兔麿君は重野成齋の紹介を以て、大阪市史編纂員幸田成友君と共に西村君を訪ひて、懐德堂公祭の擧に謀り及べりしが、時未だ到らずして其事中輟せり

此に至りて人文會首唱實行の責に任ずることゝなりしは會員全體の篤志に出づるなり。是れ實に懐德堂復興の濫觴にして、又現在懐德堂記念會創立の發端なり。人文會の議に曰く、懐德堂は幕府の保護と志ある市民の協力とに成りし公立の學問所なり。然れば公祭は大阪人文會の私すべきに非ずして、大阪府敎育會は勿論、懐德堂に緣故深き鴻池善右衞門君、住友吉左衞門君を初として、同志の紳士に請うて發起人たらんことを以てすべしと。因りて同年九月、西村時彥君は會の決議を齎らして、歷訪勸說せしに、皆深厚なる同意を表し、此の擧の世道人心に大なる關係あるを贊し、欣て發起の責に任ずべしとの快諾を得たり。斯くて九月二十五日發企人會を開き、其互選に由り、住友吉左衞門君を會頭に小山健三君を副會頭に推し、會則を議定し、會に命くるに懐德堂記念會の名を以てせり。かくて會の成立するや、先づ之を中井家遺族及び舊故に告知し、會の宗旨とする報本反始の義を明かにし、次に新聞紙上にて會の成立を江湖に告白し、又學術講演會を開きて、會の趣旨を普及し、汎く有志の入會を勸誘せしかば、會員を得ること、南は九州、北は北海道に亘り、特別會員六百二十二名、普通會員一千三百七十名の多きに上れり。

明治四十四年十月五日、懐德堂開講記念日を以て、大阪市公會堂を用ひて祭場とし、儒禮に依りて祭典を執行し、六日七日の兩日を以て、東西兩大學の碩學を聘して、記念學術講演會を開き、同月一日より六日に至るの間、中井家を始め諸家襲藏の懐德堂先賢遺書遺物を展觀し、更に懐德堂師儒の遺

一三

『懐徳堂要覧』の「新懐徳堂沿革」

『懐徳堂紀年』

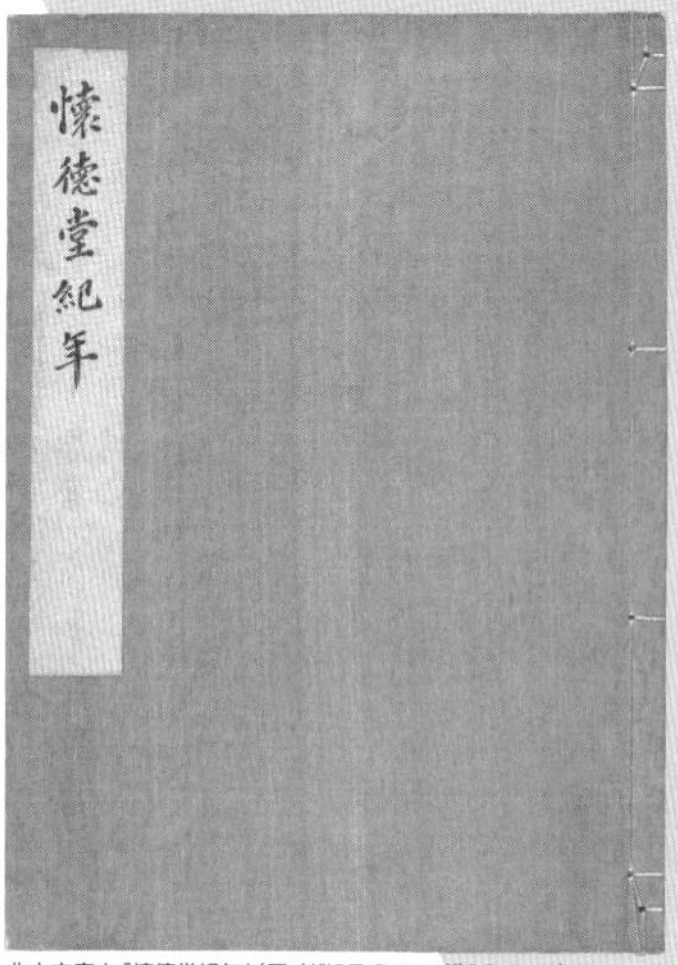

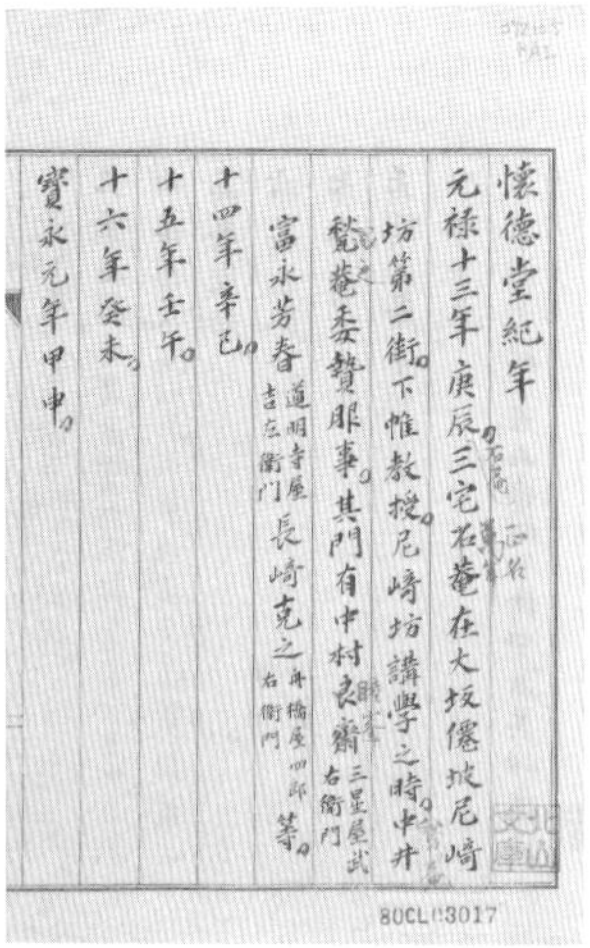

懐德堂紀年
元祿十三年庚辰三宅石菴在大坂僊城尼崎
坊第二街。下帷教授。尼崎坊講學之時。中井
甃菴委贄服事。其門有中村良齋 三星屋武右衛門
富永芳春 道明寺屋吉左衛門 長崎克之 舟橋屋四郎右衛門 等。
十四年辛巳。
十五年壬午。
十六年癸未。
寶永元年甲申。

懐德堂記録。年歳之可徵者。寛政以前有學
問所建立記録。懐德堂内外事記。學校公務記
録。天保以後有寒濤樓居諸録。中間則闕如也。
其餘則文詩簡牘耳。斯編之成。在蒼卒之際。居
諸録不得悉閲。取材於遺書。亦不過其二三。異日
當随獲而追録焉。
大正三年冬十一月　逌陰後學中井天生識

北山文庫本「懐徳堂紀年」（原寸縦27.2cm×横19.4cm）

『懐徳堂紀年』――大正天皇に献上された〈懐徳堂の歴史〉

『懐徳堂紀年』は、元禄十三年（一七〇〇）から明治二年（一八六九）までの懐徳堂に関する出来事を漢文で記した、懐徳堂の編年史である。大正三年（一九一四）十一月、大正天皇の大阪行幸の際に献上しようと、懐徳堂記念会が中井木菟麻呂《なかいつぐまろ》に執筆を依頼、木菟麻呂が依頼に応じて執筆した。

上は大阪大学附属図書館の懐徳堂文庫・北山《ほくざん》文庫に収められている『懐徳堂紀年』（北山文庫本）の一部、冒頭と末尾の部分とである（カバーにカラーで掲載）。

北山《ほくざん》文庫本『懐徳堂紀年』は、木菟麻呂が懐徳堂記念会に呈上した第二次の稿本である。本文を墨筆で執筆しているのが木菟麻呂、その本文に加えられている朱筆の修正は、懐徳堂記念会の理事・西《にし》村天囚《むらてんしゅう》によるものである。天囚は、この修正に基づいて浄書した『懐徳堂紀年』を大正天皇に献上した。

今に生きる懐徳堂

大正時代に再建された懐徳堂

懐徳堂と大阪大学

明治二年（一八六九）に閉校した懐徳堂は、大正五年（一九一六）に再建された。懐徳堂の復興と顕彰を進めたのは、（財）懐徳堂記念会である。

再建された懐徳堂は、昭和二十年（一九四五）の大阪大空襲によって焼失するまで、大阪の市民大学・文科大学として多くの市民に親しまれた。

戦災を免れた三万六千点の資料は、昭和二十四年（一九四九）、大阪大学文学部の設立を機に、記念会から阪大に寄贈され、「懐徳堂文庫」と命名された。以後、大阪大学と懐徳堂記念会とが協力して各種事業を展開している。

懐徳堂の精神

懐徳堂事業の根幹は、市民に開かれた講座である。春秋記念講座が昭和二十六年（一九五一）に、また古典講座が昭和五十八年（一九八三）に始まった。これらの事業に一貫するのは、懐徳堂創立以来の開かれた精神、自由・独創を重んずる気風である。

大阪大学附属図書館新館

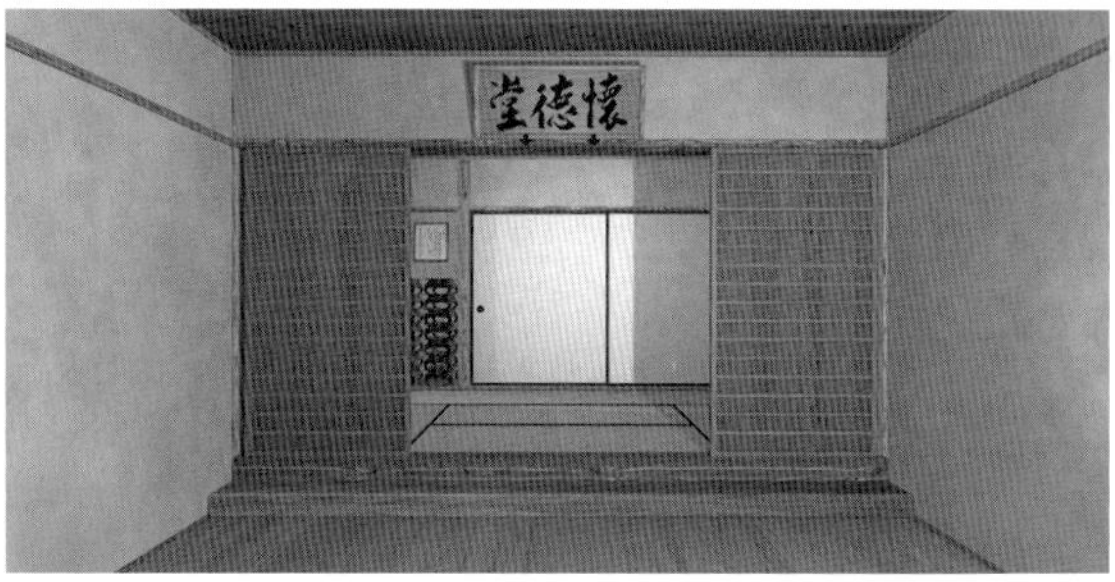

CGで再現された江戸時代の懐徳堂

平成の懐徳堂

二十一世紀を迎え、懐徳堂は新たな展開をとげようとしている。文庫資料の総合調査、電子情報化、アーカイブ講座など、新たな試みは内外で注目を集めている。

平成十三年（二〇〇一）五月、大阪大学が創立七十周年を迎えたのを機に、江戸時代の懐徳堂学舎がＣＧによって再現され、貴重資料のデータベースが公開された。

同年八月には、懐徳堂文庫五万点の資料が、大阪大学附属図書館の旧館書庫から新館貴重図書室に総合移転された。また同年十二月には、これらの事業の成果の一端として、懐徳堂の諸情報を網羅した『懐徳堂事典』（湯浅邦弘編、大阪大学出版会）が刊行された。

翌平成十四年（二〇〇二）には、『懐徳堂文庫図書目録』（昭和五十一年、大阪大学文学部）の全頁を電子化した「懐徳堂文庫電子図書目録」が完成し、インターネットでの公開が始まった。この電子目録は、単に目録を公開するのみではなく、目録情報の訂正や追加の作業を、このＷＥＢ上で行おうとする画期的なものであった。現在も、懐徳堂研究会メンバーによって鋭意修訂作業が続けられている。

さらに、ＣＤ—ＲＯＭの作成も行われた。平成十五年（二〇〇三）には「電子懐徳堂考」、翌十六年には「体験懐徳堂」が制作され、ＣＤ—ＲＯＭの特性を活かして懐徳堂を「体験」する試みが行われた。

懐徳堂アーカイブ講座

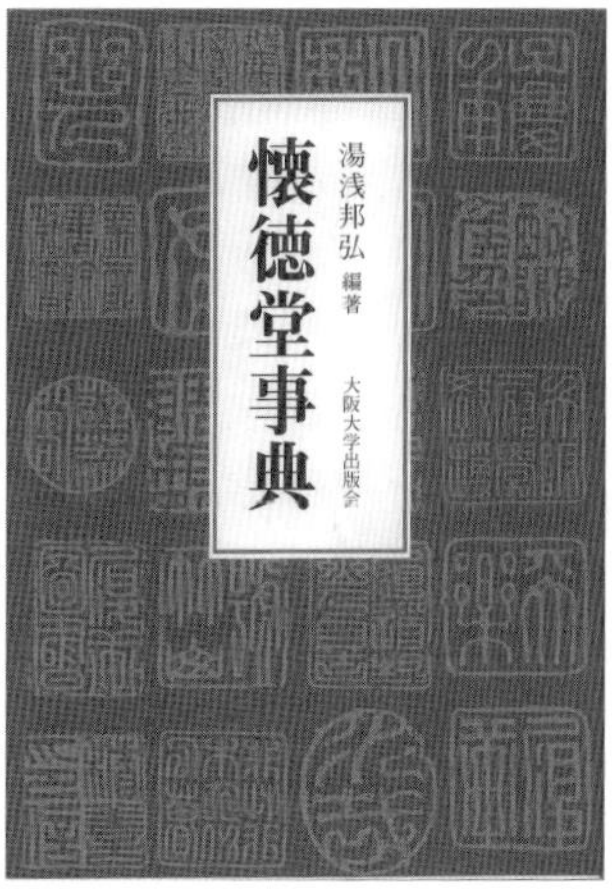

懐徳堂事典

電子懐徳堂考

体験懐徳堂

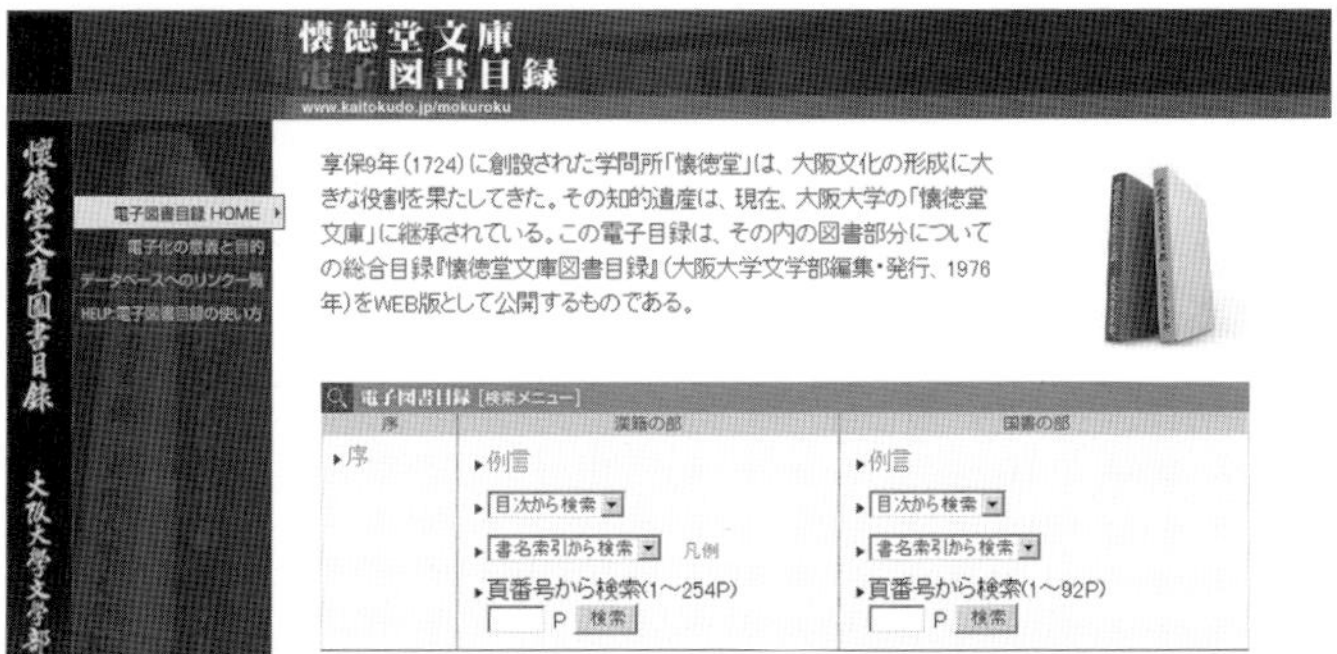

ＷＥＢ懐徳堂に収録された
懐徳堂文庫電子図書目録

これらを集大成するのが、ＷＥＢ懐徳堂（http://kaitokudo.jp/）である。懐徳堂の研究と事業の総合サイトとして平成十六年（二〇〇四）に公開された。懐徳堂事業は、こうした電子情報化をも含む、新しい時代に突入しているのである。

懐徳堂を知る

懐徳堂の著名人

一、中井《なかい》竹山《ちくざん》

二、中井《なかい》履軒《りけん》

三、富永《とみなが》仲基《なかもと》

四、山片《やまがた》蟠桃《ばんとう》

五、草間《くさま》直方《なおかた》

六、三宅《みやけ》石庵《せきあん》

七、中井《なかい》木菟麻呂《つぐまろ》

八、西村《にしむら》天囚《てんしゅう》

九、並河《なみかわ》寒泉《かんせん》

十、中井《なかい》甃庵《しゅうあん》

中井竹山肖像画

1　中井竹山（なかいちくざん）

（一七三〇〜一八〇四）

懐徳堂百四十年の歴史の中で、最も大きな仕事をしたのは中井竹山である。竹山は、懐徳堂第二代学主中井甃庵の子として享保十五年（一七三〇）に生まれた。弟の履軒とともに五井蘭洲に師事して朱子学を学び、後に、第四代学主に就任して懐徳堂の黄金期を築いた。

当時、懐徳堂には、全国から学生が集まり、江戸の昌平黌《しょうへいこう》をもしのぐ勢いを誇ったという。また、懐徳堂に立ち寄る文人も多く、大坂という地の利をも得て、懐徳堂は知的ネットワークの拠点になっていた。

こうした中で、竹山は、荻生徂徠《おぎゅうそらい》の『論語徴《ろんごちょう》』を論駁した『非徴《ひちょう》』、日本史ブームの先駆けとも言える『逸史《いっし》』、年少者向けに「人の道」を箇条書きにした『蒙養篇《もうようへん》』などの業績を残す一方、天明八年（一七八八）、松平定信の来坂に際してその諮問に答えるなど、対外的にも大きな足跡を残した。

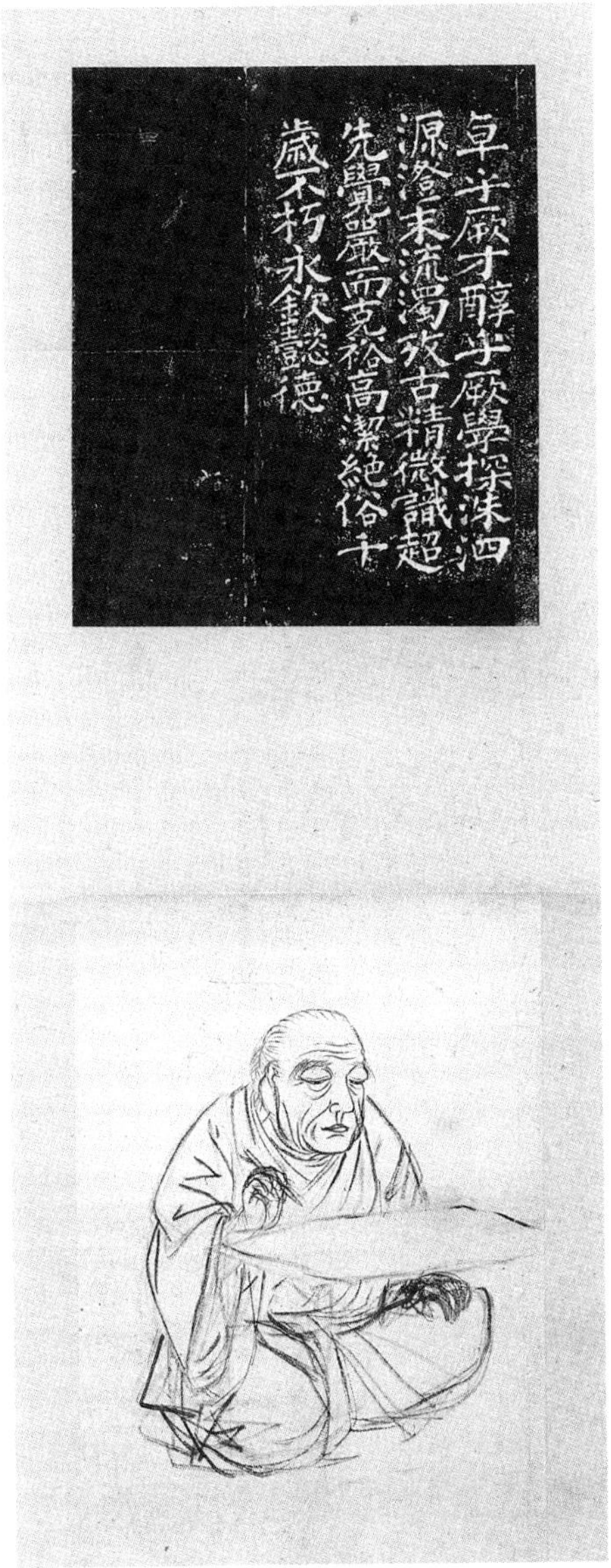

中井履軒肖像画

2　中井履軒（なかいりけん）

（一七三二〜一八一七）

懐徳堂で最も多くの研究業績を残したのは、中井履軒である。履軒は中井甃庵の第二子。竹山の二歳下の弟。懐徳堂内で生まれ、兄竹山とともに五井蘭洲に朱子学を学んだ。

兄の竹山が懐徳堂学主として活躍したのに対し、履軒は後に懐徳堂を離れて私塾水哉館《すいさいかん》を開き、そこで膨大な経学研究（中国の儒教経典についての高度な研究）を残した。その研究は、脱神話、脱権威の批判的実証的精神に貫かれており、富永仲基・山片蟠桃らとともに近代的英知の先駆けであると評価される。

一方、履軒は自らの住まいを、中国古代の聖王黄帝《こうてい》が夢の中で遊んだというユートピア「華《か》胥国《しょこく》」になぞらえ、自らを「華胥国王」と称して、経学研究とは異なる思いを多く書き記した。また自然科学にもすぐれた業績をあげ、人体解剖図説『越俎《えっそ》弄筆《ろうひつ》』や天体模型「天図」「方図」などを残した。

3 富永仲基（とみながなかもと）

（一七一五〜一七四六）

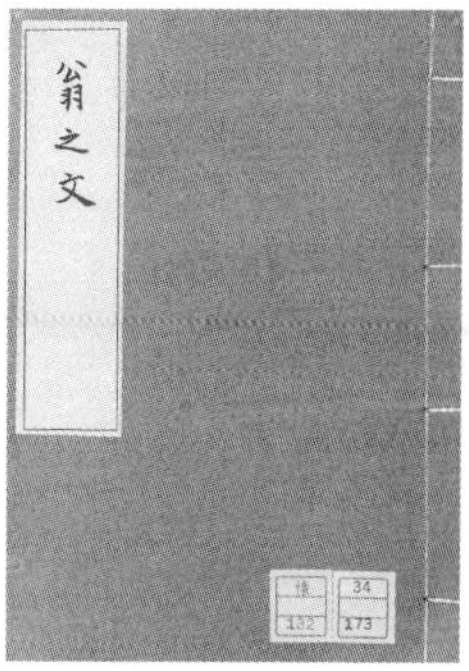

近代的合理精神の先駆けとして後に高く評価された富永仲基は、懐徳堂を創建した五同志の一人である道明寺屋吉左衛門《どうみょうじやきちざえもん》（富永芳春）の三男である。弟の定堅《さだかた》（号は蘭皐《らんこう》）とともに懐徳堂初代学主の三宅石庵に学んだ。

儒家思想を歴史的に批判した『説蔽《せつへい》』を若くして著した。そのために石庵に破門されたといわれるが、事実かどうかは不明である。後に仏教研究に取り組み、その成果を『出定後語《しゅつじょうこうご》』にまとめた。また『翁《おきな》の文《ふみ》』を著し、日本においては神仏儒の三教とは別の「誠の道」を尊ぶべきだと説いた。

その学問は、思想の展開と歴史・言語・民俗との関連に注目した独創的なもので、後発の学説は必ず先発の学説よりもさかのぼって、より古い時代に起源を求めることを指摘した「加上《かじょう》説《せつ》」が著名である。

4 山片蟠桃（やまがたばんとう）

（一七四八〜一八二一）

中井門下の諸葛孔明と呼ばれた天才が山片蟠桃である。播磨国印南郡神爪《かづめ》村に生まれた蟠桃は、宝暦十年（一七六〇）に升屋《ますや》別家《べっけ》（使用人がのれんわけを許され独立した家）の伯父・久兵衛の養子となり、升屋本家に奉公を始めた。

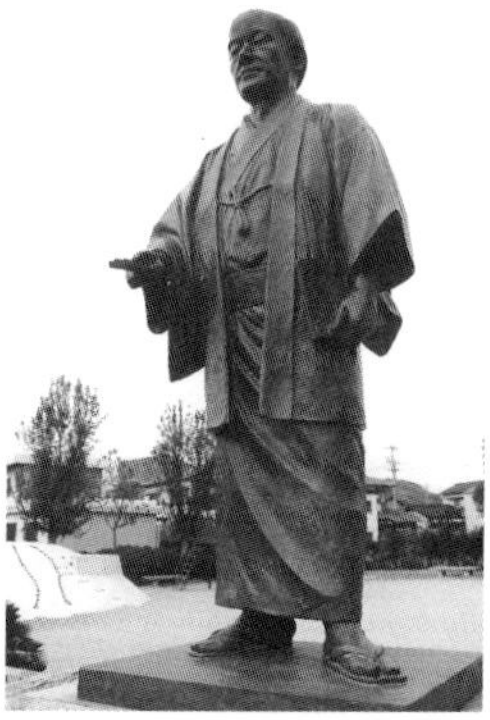

本家の当主・平右衛門（山片重賢）は蟠桃を懐徳堂に通わせ、蟠桃は中井竹山と履軒とを生涯師と仰いだ。また麻田剛立《あさだごうりゅう》に天文学を習った。

享和二年（一八〇二）から晩年にかけて書いた主著『宰我《さいが》の償《つぐない》』（履軒の意見により『夢《ゆめ》ノ代《しろ》』と改題）において、実証的で合理的な思考に基づく独自の思想を論じた。その内容は、天文・地理・歴史・法律・経済など多方面におよんでいるが、中でも徹底的な「無鬼論」（鬼神などの迷信的存在を否定した論）が有名である。

なお現在、蟠桃の業績にちなんで、日本文化の国際通用性を高めた優秀な著作とその著者を顕彰する「山片蟠桃賞」が設けられている。

5 草間直方（くさまなおかた）

（一七五三〜一八三一）

わが国における初の貨幣史である『三貨図彙《さんかずい》』を著した草間直方は、商人として山片蟠桃と同時期に大坂で活躍し、また蟠桃と同じく、懐徳堂で中井竹山・履軒に学んだ。

晩年隠居してから、わが国における最初の貨幣史である『三貨図彙』全四十四冊を著し、古代から江戸時代に至るまでの貨幣の歴史を紹介するとともに、貨幣経済の発展について歴史的考察を加え、幕府による米価の統制を批判した。

6 三宅石庵（みやけせきあん）

（一六六五〜一七三〇）

懐徳堂の初代学主である。寛文五年（一六六五）、京都の生まれ。父三宅道悦《どうえつ》の影響で幼少から学問を好み、初め朱子学者の浅見絅斎《あさみけいさい》に師事したが、のち陽明学も学んだ。江戸、讃岐に滞在後、元禄十三年（一七〇〇）頃、来坂し、尼崎町二丁目で私塾を開いた。

享保九年（一七二四）、大坂市中の大火（いわゆる「妙知焼《みょうちやけ》」）のため、平野《ひらの》に避難していたが、五同志らに迎えられ、懐徳堂初代学主に就任。官許の認可がおりた享保十一年（一七二六）に行った記念講義の筆記録が『論孟首章講義』として残されている。初期懐徳堂の基礎を築いたが、諸学の良い点は何でも折衷して取り入れる学風は「鵺《ぬえ》学問」と言われることもあった。

なお、弟に水戸彰考館《しょうこうかん》総裁を務めた観瀾《かんらん》が、また、子に懐徳堂三代目学主を務めた春楼《しゅんろう》がいる。

7 中井木菟麻呂（なかいつぐまろ）（一八五五～一九四三）

懐徳堂の再建と顕彰に生涯をかけたのは、中井木菟麻呂である。木菟麻呂は中井桐園《とうえん》の長男で、中井竹山の曽孫に当たる。安政二年（一八五五）、懐徳堂内で生まれ、十四歳で懐徳堂の閉校を迎えた。

その後、中井家伝来の書籍などの保管、懐徳堂関係資料の収集、懐徳堂学舎の再建に努めた。重建懐徳堂が設立された後は、二度にわたって中井家伝来の懐徳堂関係資料を懐徳堂記念会に寄贈した。「懐徳堂文庫」が現在に継承されているのは、この木菟麻呂の存在を抜きにしては語れない。

旧懐徳堂と重建懐徳堂とをともに知る人物として、また、旧懐徳堂や水哉館の遺書遺物の継承という点で極めて重要な役割を果たした。

なお、木菟麻呂は、敬虔なロシア正教徒でもあり、ニコライ大主教を助けて聖書の翻訳に尽力した。

8 西村天囚（にしむらてんしゅう）（一八六五～一九二四）

大正時代に再建された懐徳堂（重建懐徳堂）の理事兼講師。鹿児島の種子島出身。明治九年（一八七六）、十一歳で藩校種子島学校に入学。明治十六年（一八八三）、東京帝国大学古典講習科に入学。中退の後、大阪朝日新聞社に入り、明治四十三年（一九一〇）、懐徳堂記念会を創設し、大阪朝日新聞に「懐徳堂研究」を連載して、その顕彰に努めた。それをまとめた『懐徳堂考』は、今日においても、懐徳堂研究の最も基本的な文献としての価値を持つ。

大正五年（一九一六）、重建懐徳堂の竣工後は、懐徳堂理事・講師として尽力した。晩年には、中国の古典『楚辞』『尚書』の研究と資料収集に努め、天囚の書斎は『楚辞』にちなんで「読騒廬《どくそうろ》」と名づけられた。現在、懐徳堂文庫漢籍の内でも『楚辞』関係資料は、「楚辞百種」と総称され、重要なコレクションの一つとなっている。

9 並河寒泉（なみかわかんせん）（一七九七～一八七九）

懐徳堂最後の教授。中井竹山の外孫にあたる。十七歳で伯父の中井碩果《せきか》の門に入り、懐徳堂で教鞭を執った。一旦懐徳堂を離れたが、のち、碩果の死去に伴い、四十四歳の時に教授となった。懐徳堂の講義日程を遵守し、門人を武士役人層にまで広げ、大坂町奉行に懐徳堂の援助を願い出るなど、懐徳堂の経営・維持に努め、また文庫の建築、『逸史』の上梓などの事業を推進した。懐徳堂の諸生からは「大先生」、晩年には「老先生」と敬称されていた。

しかし、幕末維新の動乱によって、明治二年（一八六九）、懐徳堂は閉校となった。同年十二月、寒泉は「百余り四十路四とせのふみの宿けふを限りと見かへりて出づ」の歌を門に貼り付けて学舎を去り、城北の本庄村（現在の大阪市北区本庄）に転居した。

10 中井甃庵（なかいしゅうあん）（一六九三～一七五八）

懐徳堂二代目学主で、中井竹山・履軒兄弟の父である。元禄六年（一六九三）、播州龍野《ばんしゅうたつの》の生まれ。父は藩医中井玄端《げんたん》（一六四五～一七二〇）。宝永三年（一七〇六）、十四歳の時、一家で大坂に移住。十九歳の時、三宅石庵に入門し、儒者の道を志した。

享保十一年（一七二六）の懐徳堂官許に際しては、かねて面識のあった江戸の三輪執斎の援助を得て官許の獲得に奔走した。官許を得た後、懐徳堂に移り住み、初代預り人、二代目学主を務めた。

なお、甃庵には学術的著作はほとんどないが、甃庵が実際の事件をもとに記した孝子伝である『五孝子伝』（一七三九）が注目される。それは、五人の子どもたちの「孝」を顕彰する内容で、以後の懐徳堂、および大坂町奉行による孝子顕彰運動の先駆と位置づけられる。

懐徳堂を知る

懐徳堂の重要資料

一、懐徳堂幅《かいとくどうふく》

二、入徳門聯《にゅうとくもんれん》

三、宝暦八年定書《ほうれきはちねんさだめがき》

四、『非徴《ひちょう》』

五、『逸史《いっし》』

六、『草茅危言《そうぼうきげん》』

七、『越俎弄筆《えっそろうひつ》』

八、『七経逢原《しちけいほうげん》』

九、天図《てんず》（木製《もくせい》）

十、華胥国物語版木《かしょこくものがたりはんき》

1 懐徳堂幅

（かいとくどうふく）

縦三九・八cm×横八三・七cm

「懐徳堂」の三字を大書した三宅石庵《みやけせきあん》（懐徳堂初代学生）筆の書幅である。もとは額に仕立てて、懐徳堂の講堂に掲げてあったが、後に刻額を作って玄関に掲げ、これは掛軸に仕立て変えることになったという。「懐徳」とは、徳を懐《おも》うという意味で、『論語』のことばに由来するというのが通説である。懐徳堂の基本的精神を道徳の重視に求めた石庵の願いが込められていると言えよう。

懐徳堂幅

2 入徳門聯

（にゅうとくもんれん）

縦八八・〇cm×横一〇・五cm

漢文の対句を二つに分けて書き、それを家の入り口、門、壁などに左右相対して掛けたものを「聯《れん》」あるいは「対聯（たいれん・ついれん）」と言う。懐徳堂の外門を入ると、講堂に通ずる庭「已有園《いゆうえん》」があった。この竹聯は、その庭に通ずる中門の左右に掛けられていたものである。この門の上に第四代学主中井竹山の筆で「入徳之門」と記した額がかけられていたことから、この聯を特に「入徳門聯」と呼ぶ。一本の竹を縦に二つに割り、各々の表面に石灰で「力學以修己」「立言以治人」と白書している。「学に力《つと》めて以て己《おのれ》を修め、言を立てて以て人を治む」と読む。自己の修養努力と、それを基にした社会的活動（経世）の重要性を説く内容となっており、懐徳堂で求められた高い理想を示している。

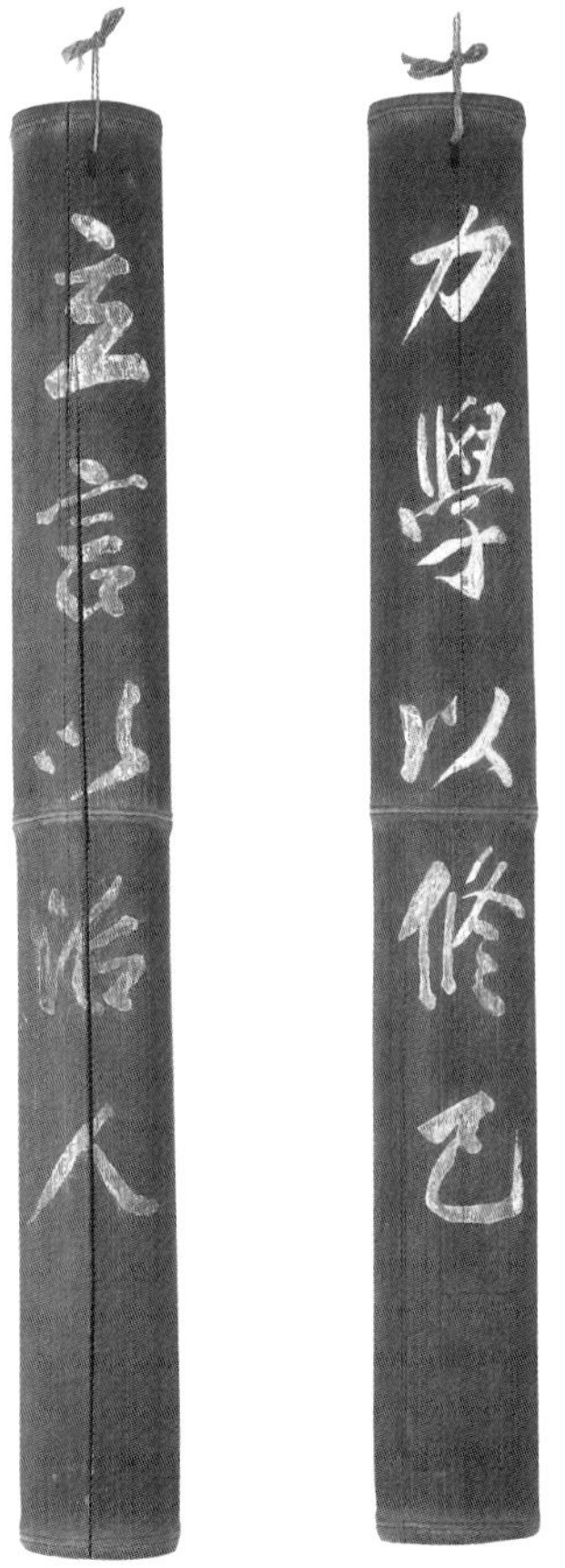

入徳門聯

3　宝暦八年定書

（ほうれきはちねんさだめがき）

縦一四・九cm×横五五・五cm

懐徳堂に寄宿していた学生を対象として学寮に掲示された定書《さだめがき》。今の学則にあたる。宝暦八年（一七五八）に制定された。懐徳堂の基本精神を端的に表明するものである。

全三条からなり、第一条は、懐徳堂の書生間の交わりについて、貴賤貧富を問わず同輩だとしている。ただし、大人と子供の区別はあり、また、座席については、新旧（新参か古参か）、長幼、学問の進度などによって、互いに譲り合うこととしている。第二条は、寄宿生について、私事による外出は認めないが、やむを得ぬ用事やその宿先（勤務先・実家など）から断りがあった場合は例外としている。第三条は、同じく寄宿生について、その謝礼は十五歳から納めることと規定する。

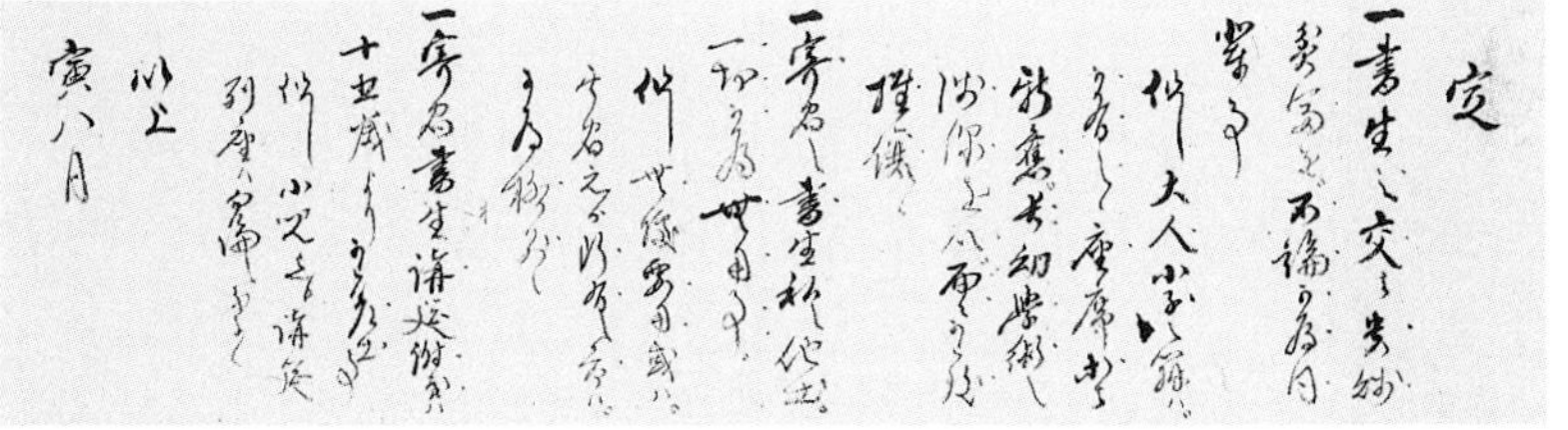

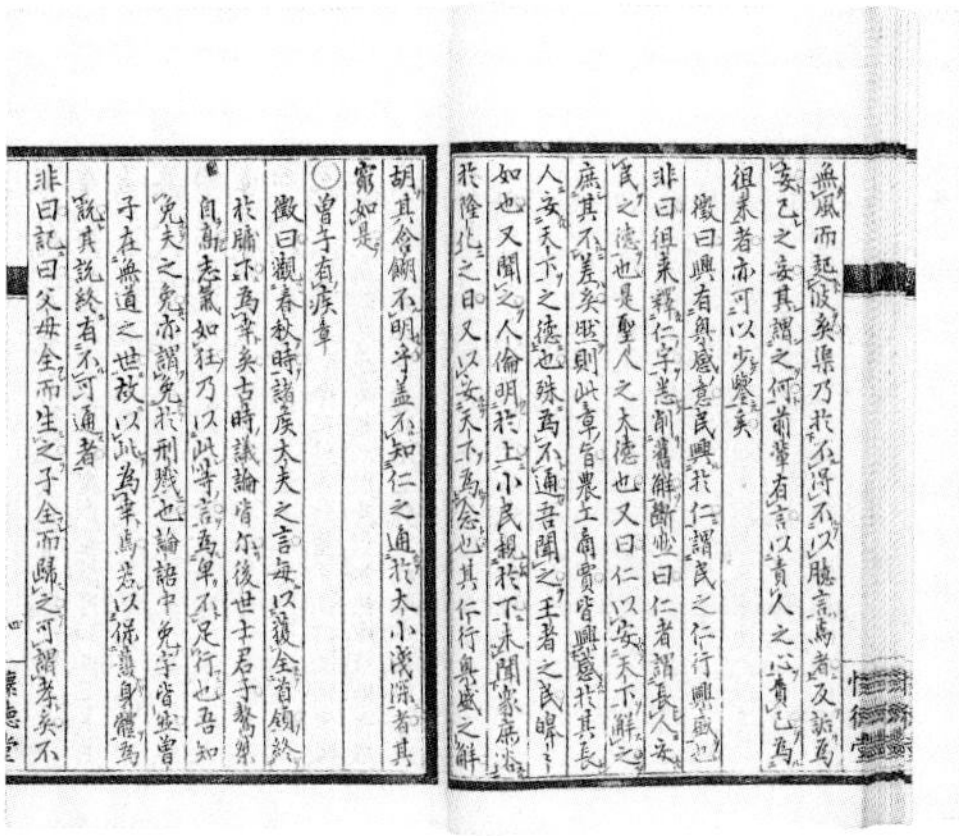

4　『非徴』（ひちょう）

各冊縦二七・二cm×横一七・八cm

中井竹山の主著で、荻生徂徠の『論語徴』を批判した『論語』注釈書。全八冊（内一冊は手稿本を欠く）。「非徴」とは、徂徠の『論語徴』を「非」難するという意味である。

全体は、巻頭の「総非」という総論に始まり、以下、『論語』学而篇から堯曰《ぎょうえつ》篇までの各章について、注釈を加えている。その基本的姿勢は、荻生徂徠批判で一貫しており、例えば、「総非」では、徂徠の学問の弊害が「名」をあげることにつとめるという尊大な態度にあると指摘している。

5『逸史』（いっし）

縦二九・三cm×横一九・九cm

中井竹山が著した徳川家康の一代記。最終的な完成までにおよそ五十年の歳月を要したとされるもので、竹山が最も力をつくした著述である。

寛政十年（一七九八）、竹山の子・蕉園《しょうえん》が江戸に下った際、『逸史』の副本を携えさせて、親交のあった儒者達に見せたことが契機になり、同年十一月、同書を幕府に献上するよう命が下った。

『逸史』は、表面的には徳川家康を賛美し、徳川幕府に阿《おもね》ったもののようにも見えるが、決してそうではない。自序によれば、大坂の人々が豊臣贔屓で、家康の功績を正当に評価せず、悪口ばかり言うので、この書を著したとのことである。

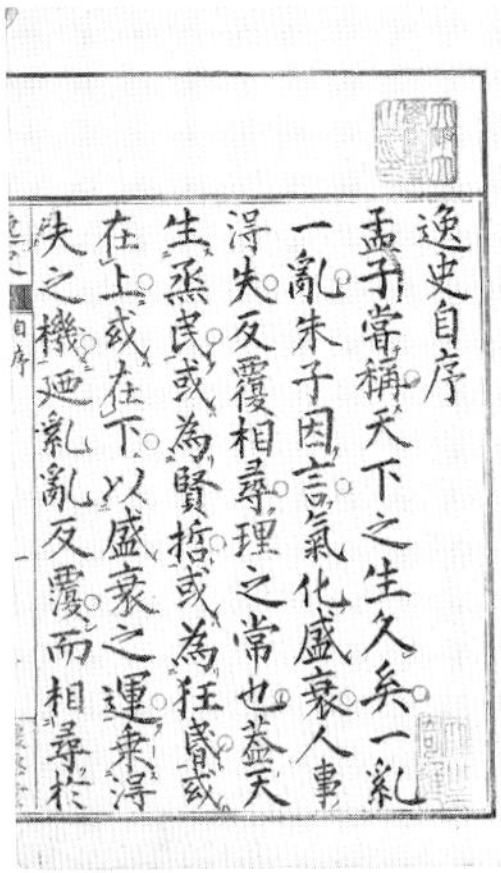
逸史自序
孟子嘗稱天下之生久矣一乿
一亂朱子因言氣化盛衰人事
得失反覆相尋理之常也蓋天
生烝民或爲賢哲或爲狂愚或
在上或在下以盛衰之運乘得
失之機迺乿亂反覆而相尋於

6『草茅危言』（そうぼうきげん）

縦二二・一cm×横一五・六cm

中井竹山の政治論。時の老中松平定信《まつだいらさだのぶ》の求めに応じて献上したもの。「草茅」とは、草むら、転じて民間・在野の意。「危言」は、『論語』憲問篇の「邦、道有れば、言を危《はげ》くし行ないを危くす」（国に正しい道が行われている時は、言葉も行動もきびしくする）という、孔子の言葉に基づいたもの。在野の士・竹山が、太平の世にあって自分の意見を忌憚《きたん》なく述べた、という趣旨の命名である。

天明八年（一七八八）六月四日、柴野栗山《しばのりつざん》（寛政の三博士の一人）の推挙により、竹山は大坂滞在中の松平定信に召見され、政務について諮問された。それに応じて、国家・社会・学問等に対する意見を著し、同年、最初の一巻を献上した。全五巻の完成は寛政三年（一七九一）である。

老中が直接、市井の儒者に諮問するというのは、極めて異例のことであり、当時の竹山の評価がいかに高かったかを物語っている。

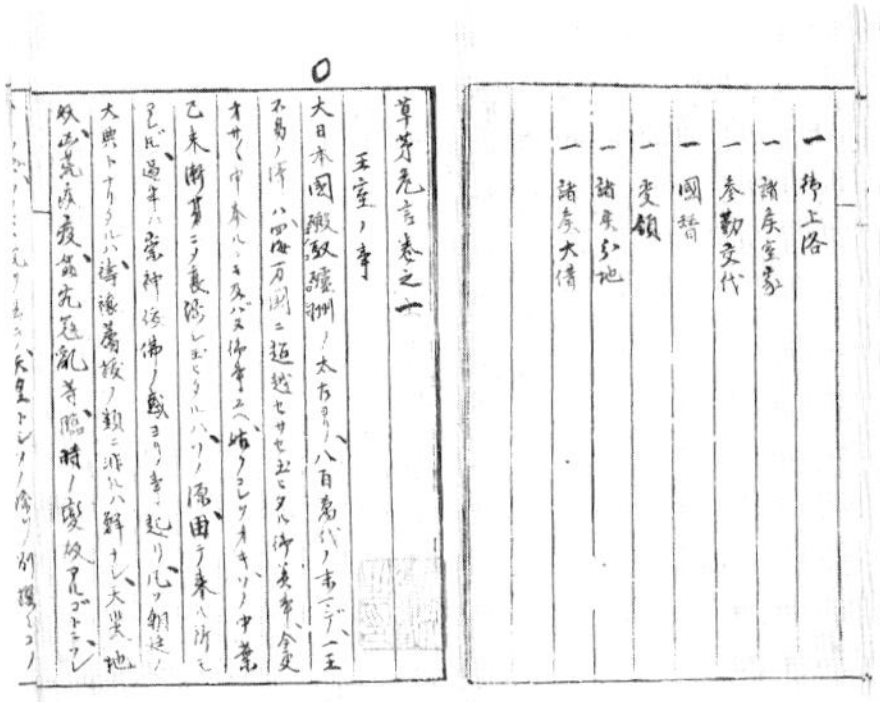

7『越俎弄筆』（えっそろうひつ）

縦二四・四cm×横一六・二cm

中井履軒の医学書。履軒は、天文学者・医学者の麻田剛立《あさだごうりゅう》が獣体解剖を行い、人体との対照確認を行ったのに、立ち会ったという。

この経験を基に、履軒は、自ら人体解剖図十五枚を筆写し、これに解説を加えた。「越俎」とは、自分の本分を越えるという意味、「弄筆」とはたわむれに書くという意味である。本書は、本来麻田剛立によって執筆されるべきものであったのに、剛立が研究に忙しく著述の暇がなかったから、自ら分を越えて執筆したとの意が込められている。履軒の実証的精神が漢学という枠をはるかに越えて、医学にまで及んでいたことを示す資料である。

本書の成立は、安永二年（一七七三）三月。それは、前野良沢・杉田玄白らによる『解体新書』完成の前年のことであった。

8 『七経逢原』（しちけいほうげん）

縦二四・〇cm～二四・二cm×横一六・〇cm～一六・二cm

中井履軒の経書（中国の儒教経典）研究を集大成した書。履軒の研究は、初め、『七経雕題《ちょうだい》』としてまとめられたが、履軒はその後も増補改訂を重ね、約三十年間にわたる蓄積を『七経雕題略《ちょうだいりゃく》』にまとめ直した。しかし、「略」であることに満足できず、最後の完成体として『七経逢原』を編纂したのである。ここに履軒は初めて「水哉館《すいさいかん》学」と署名し、本書において独自の学を築いたことを表明している。水哉館とは、履軒が懐徳堂を離れて開いた私塾の名である。

「七経」とは、中国の代表的な儒教経典である『周易』『書経』『詩経』など七つの経書を指す。「逢原」とは、『孟子』離婁篇下の「其の原《みなもと》に逢《あ》う」にちなみ、真の原義にたどり着くという意味である。

9 天図（木製）（てんず（もくせい））

回転板…直径二五・五cm
台板…縦三一・一cm×横一九・〇cm

中井履軒が作成した木製回転式の天体模型。四角い台板の上に円盤が取り付けられている。赤く塗られた中央の円盤が太陽の光の及ぶ範囲を示しており、中心には別紙で太陽とその周囲を回転する紙製の「水胞（水星）」「金胞（金星）」が取り付けられ、太陽の隣には別紙で作られた地球とその周囲を回転する紙製の「月胞」が取り付けられている。

赤い円盤の外側には、ドーナツ状に切られた木枠に、内側から「火胞（火星）」「木胞（木星）」「土胞（土星）」が記され、その外側の輪は、三十六等分され、そこに中国古代の天体観に基づく「二十八宿」という星座の所在が示されている。また各輪に付けられた小さな革ひもによって各輪を回転させ、白い小円で示された火星、木星、土星が地球の周囲を運行する様子を確かめることができる。

太陽が図の中心にあるので、一見、地動説に基づいて作成されているかのようであるが、実際に中央の赤い円盤を回転させると、回転板の支点が地球にあるため、すべての天体が地球を中心として回転することがわかる。現在の地動説・天動説という枠組みから言えば、この天体模型は、二つの説を折衷したような形になっているのである。

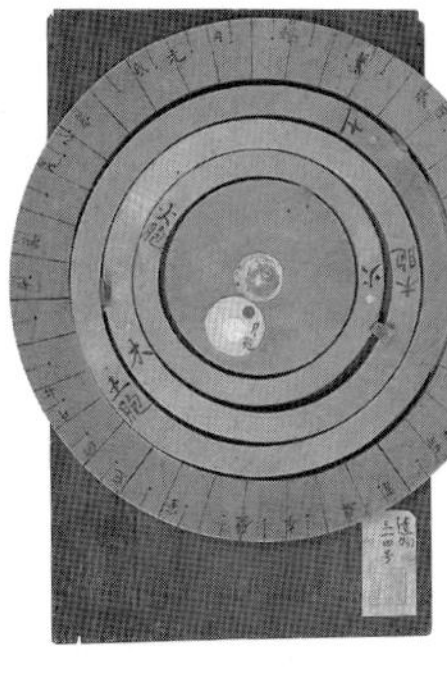

10 華胥国物語版木（かしょこくものがたりはんぎ）

各縦二二・六cm×横四三・五cm

中井履軒の『華胥国物語』の版木。版木とは木版印刷の原版である。履軒の曾孫に当たる中井木菟麻呂が明治十九年（一八八六）に同書を刊行したときに彫らせたもの。計十枚からなり、各版木の両面に文字が彫られ、表紙および本文十八丁分の版面となっている。版木の厚さは二・四cm、匡郭《きょうかく》（版本の版面の本文の四周を囲む枠）内の寸法は縦一八・九cm×横一三・九cm、毎半葉十行（一頁あたり十行）、版心（印刷面の中心）には丁数（二頁を一丁という）が彫られている。明治期の版行（木版印刷）の様子を知りうる貴重な資料である。

懐徳堂の受講生数は？

浪華学問所懐徳堂開講会徒

懐徳堂には、残念ながら歴代受講生の名簿は残っていない。ただ、享保十一年（一七二六）十月五日、初代学主・三宅石庵の記念講義を聴講した人の名簿が「浪華《なにわ》学問所《がくもんじょ》懐徳堂《かいとくどう》開講会徒《かいこうかいと》」としてまとめられている。

当日の受講者七十八名の姓名が列挙されており、これにより、懐徳堂の講堂に収容できる人数がおおよそ推測される。なお、近年発見された第二代学主・中井甃庵の手紙によると、この時の受講生は百名を越えていたという。名簿に名前が載っていなかった人もいたのであろう。

開校当時の様子を描いたとされる図面には、講堂は四区画、計二十五席分、師室（教師室）は五区画、計二十四席分あったと附記されている。右の七十八名～百名というのは、襖や障子をとりはらい隣接する部屋にもいっぱいに収容したのであろう。

また、懐徳堂は、寛政四年（一七九二）の火災によって類焼し、時の学主・中井竹山の奔走により、同七年から八年にかけて再建されたが、そこでは、講堂の東側に五つの寄宿舎が増設され、そこに少なくとも寄宿生二、三十人が収容できたという。

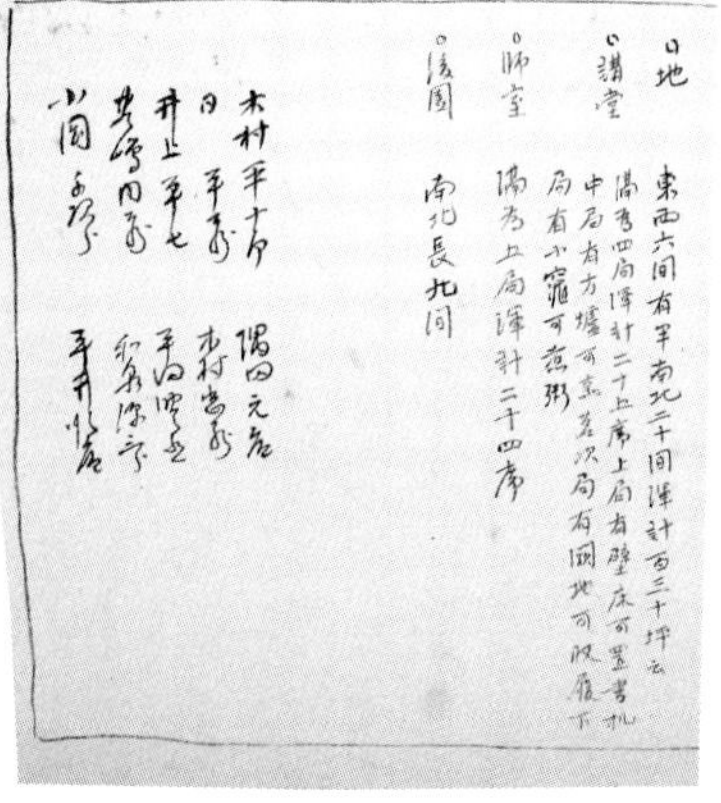

初期懐徳堂平面図附記

懐徳堂の広さは？

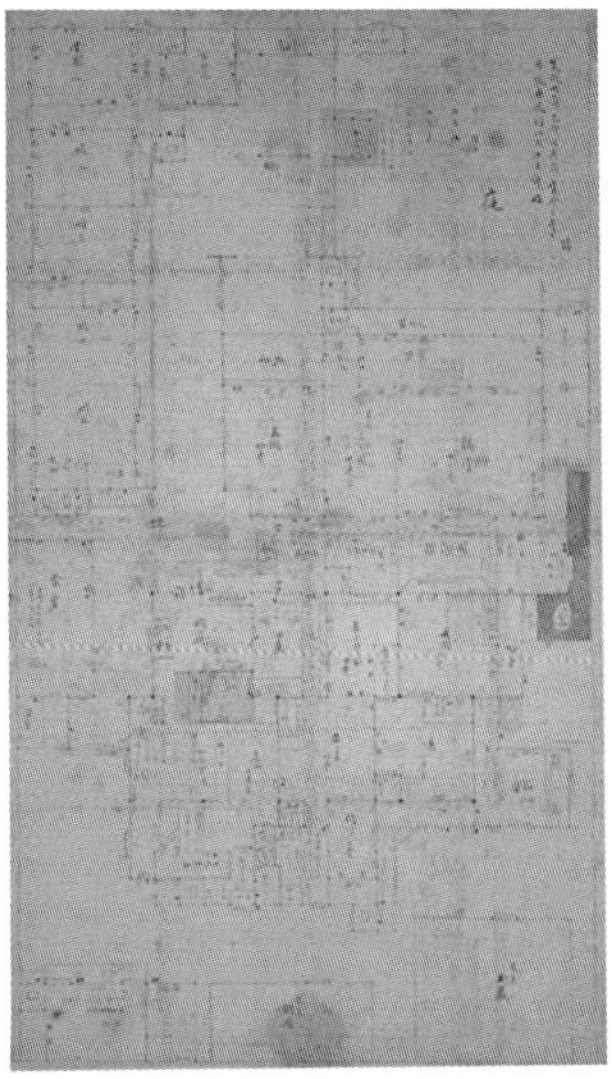

寛政七年懐徳堂再建着工図

開校当時の敷地面積は、間口（東西）六間半、奥行（南北）二十間の計百三十坪であったという。その後、江戸幕府の官許を得て、隣接する土地を与えられた形となり、間口十一間（約二十メートル）、奥行二十間（約三十六メートル）、計二百二十坪の規模に拡大された。

寛政四年（一七九二）の火災によって類焼した際には、中井竹山が再建に奔走し、さらなる規模の拡大を計画したが、幕府の資金援助は思ったほどに得られず、結局、敷地面積は従来の規模で幕末まで続くこととなった。

懐徳堂の授業は週何時間？

懐徳堂において通常（平日）開講されていた講義を「日講《にっこう》」という。懐徳堂の初代学主・三宅石庵《みやけせきあん》の頃の懐徳堂では、毎月の一日、八日、十五日、二十五日が休日で、これを除く日が「日講」と規定された。

宝暦八年（一七五八）、三代目学主に就任した三宅春楼《しゅんろう》は「四九の夜講」（毎月四と九のつく日の夜の講義）で『大学』の講釈を担当した。また、助教の五井蘭洲は「二七の朝講」（毎月二と七のつく日の朝の講義）を担当した。ただ、三宅春楼が病弱であったため、毎月六回分の日講以外は、学主による講習などは一切なく、学風が弛緩していたという。

そこで四代目学主に就任した中井竹山は講義に専念し、休日を除く毎日、学主自ら精力的に講義を行った。

つまり、懐徳堂の授業は相当に厳しく、特に中井竹山が学主に就任した天明二年（一七八二）以降では、休日は毎月の五十日（ごとび、五と十のつく日）だけであった。そこで講じられていたのは、むろん朱子学を中心とする中国の古典であるが、それ以外にも、同志会や詩会などの受講生の自主的な学習会があったという。

懐徳堂教授の収入は？

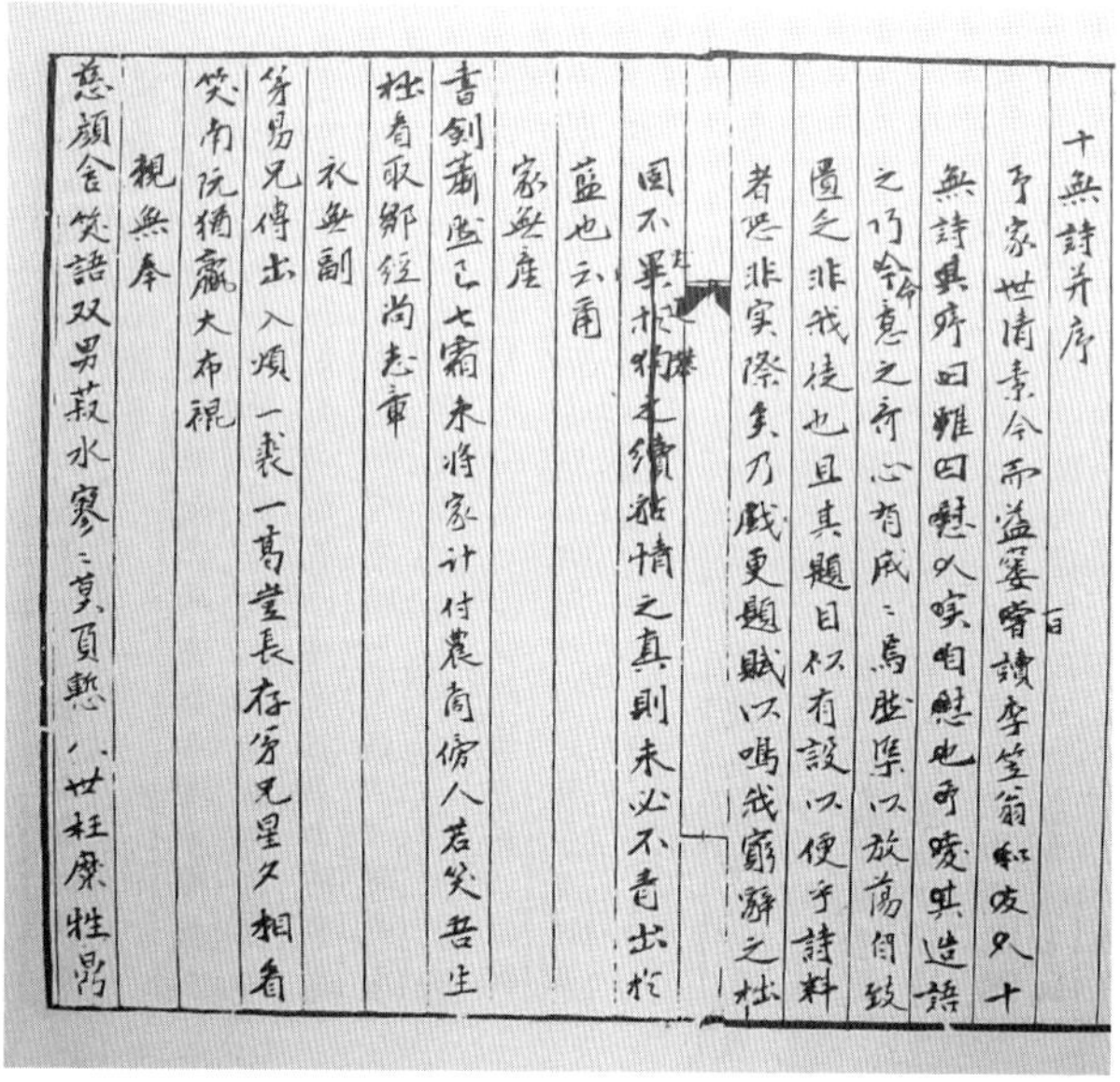
十無詩并序
予家世清素今而益窶嘗讀李笠翁和陂久十
無詩其病四難四魅久嘆咱魅也可喫其造語
之巧吟恵之奇心有感焉肚裏以放蕩自致
遇之非我徒也且其題目似有設以便乎詩料
者恐非実際矣乃戯更題賦以鳴我窮癖之拙
国不異於物之續哉情之真則未必不責出於
藍也云爾
家無産
書剣蕭然已七霜未将家計付農商傍人若笑吾生
拙看取鄒経尚志章
衣無副
兮易兄傳出入頻一裘一葛堂長存兮兄星夕相看
笑南阮猶窺大布褌
親無奉
慈顔含笑語双男菽水寥寥莫負懃八廿柱粟牲呉

中井竹山「十無詩」（一部）

講義に対する受講生の謝礼（授業料）は、次のように定められていた。

各々分限（身分や経済力）に応じて行えばよいが、それでは、自然と割高になり、貧しい者が出席しづらくなるであろうから、五節句ごとに「銀一匁」または「二匁」とし、講師方への個別の謝礼は無用とすること、また、礼をつくし気持ちを表して出席するのが第一であるから、貧しい者はその規定にとらわれず、「紙一折」または「筆一対」でもよいこと、とする。かなり緩やかな学費納入制度である。

だから懐徳堂教授たちの生計は苦しかった。第四代学主・中井竹山に、壮年期の貧苦を詠じたとされる「十無の詩」という詩がある。「家に産無し」「衣に副《かえ》無し」「親に奉無し」「婦《つま》に閑《ひま》無し」「嚢《ふくろ》に金無し」「廩《くら》に米無し」「食《くらう》に肉無し」「出《いづる》に輿《こし》無し」「樽に酒無し」「門に轍《わだち》無し」という内容である。人文系の教授は今も昔も大変なのである。

授業の時の教授と生徒の服装は？

江戸幕府の学問所・昌平黌の講義の様子を描いた「聖堂講釈図」では、教授も受講生もきちんと裃《かみしも》姿で正装している。

当時の大坂の学塾の様子を伝えるものとして、「摂津名所図会」（五頁参照）が一つの参考になろう。

これは旧摂津国の絵入りの地誌で、全九巻十二冊が寛政八年（一七九六）とその翌年に分けて刊行された。摂津は、現在の大阪府の北部および兵庫県の東部にあたる地域で、この地域内の名所・旧跡・神社・仏閣、世相・風俗・行事、伝承・説話などを、絵図とともに掲げている。

その内、「含翠堂《がんすいどう》に於て東涯先生講《こう》筵《えん》を闢《ひら》く」と記す一枚があり、伊藤仁《いとうじん》斎《さい》の子・伊藤東涯《とうがい》が大坂平野《ひらの》の含翠堂に出講した時の様子を描いている。

昌平黌「聖堂講釈図」
（東京大学史料編纂所蔵、財団法人斯文会『湯島聖堂と江戸時代』1990年による）

ただ、懐徳堂に残されている中井竹山や履軒の肖像画は、決して堅苦しいいでたちをしてはいない。懐徳堂の教授は学風には厳格でも、リラックスした服装で講義したようである。

懐徳堂が「学校」と呼ばれたのはなぜ？

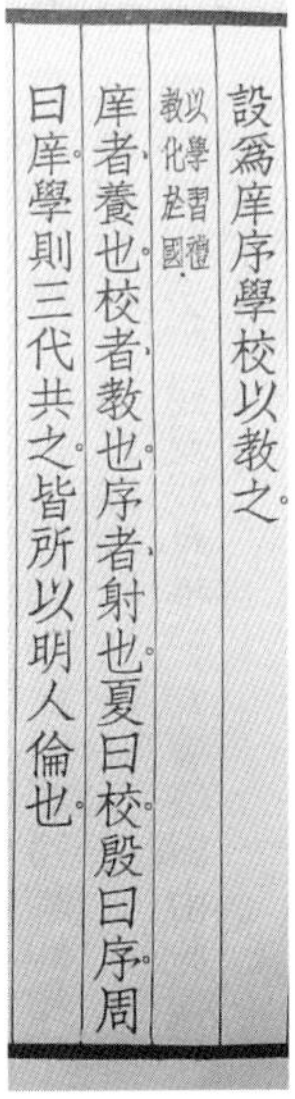

設爲庠序學校以教之。
以學習禮教化於國。
庠者養也。校者教也。序者射也。夏曰校。殷曰序。周曰庠。學則三代共之。皆所以明人倫也。

『孟子』滕文公篇。「学校」の定義が見える。

懐徳堂は享保九年（一七二四）、大坂の有力町人が中井甃庵とはかり、三宅石庵を学主に招いて設立した。その意味では、民間の学校である。だがその二年後の享保十一年（一七二六）、幕府から官許を得、正式に「大坂学問所」として公認された。

その後、第四代学主中井竹山の頃、懐徳堂は黄金時代を迎え、大坂の人々に愛着をもって迎えられていた。また、大坂には、懐徳堂に匹敵する有力な学校が他になかったこともあり、大坂の人々は懐徳堂に親しみを込めて「大坂学校」あるいは「学校」と呼んだという。

また、懐徳堂があった場所は、尼崎町（後に今橋と改称、現在の地下鉄淀屋橋駅付近の今橋三丁目）で、たとえば、上田秋成の随筆『胆大小心録《たんだいしょうしんろく》』には、「今橋の学問所」と記されている。

なお、中国の古典『孟子』は「学校」を定義して、子弟を教え導き「人倫を明らかにする」ところであると述べている。

受講生の遅刻・早退は許されたのか？

創建時の懐徳堂の玄関には、今の学則に当たる「壁書」三条が掲げられていたという。それによれば、やむを得ぬ用事があれば、講義の途中でも退出してよいとされている。また、席次について、武家方は一応上座とするが、講義開始後に出席した場合は、武家方と町人との区別はないとしている。町人の学校、懐徳堂ならではの規定である。

　ちなみに、三条とは次の通りである。

（一）学問とは忠孝を尽し職業を勤むる等の上に之有るの事にて候。講釈も唯だ右の趣を説きすすむる義第一に候へば、書物持たざる人も聴聞くるしかるまじく候事。但し、叶はざる用事出来候はば、講釈半ばにも退出之有るべく候。

（二）武家方は上座と為すべく候事。但し、講釈始り候後出席候はば、其の差別之有るまじく候。

（三）始て出席の方は、中井忠蔵迄《まで》其の断り之有るべく候事。但し、忠蔵他行の節は、支配人新助迄案内之有るべく候。

開講時刻はどのように知らされたのか？

木司令（表面）

木司令（裏面）

時計のなかった時代、開講時刻はどのように知らされていたのか。これを知るための興味深い器物が懐徳堂に残されている。それは木司令《もくしれい》である。樫製の柝《たく》（ひょうしぎ）で、開講を告げる合図として用いられた。絵馬のような五角形で、上二辺の中程にそれぞれ鉄製の釣具がつけられており、そこに縄をかけて吊り下げられるようにしてある。材は、厚さ四・三cm、重さ三・四kgの重厚な樫木である。

　表面に記された「司令」とは指揮・監督の意。また裏面の文「一令で悟《さと》り、再令で顧《かえり》み、三令で聚《あつ》まり、簡を執《と》って馳《は》せよ」からは、この柝を三度に分けて打ち鳴らし、学生たちに徐々に準備をうながしたことが分かる。

　なお、幕末の懐徳堂の様子を記した中井終子《しゅうこ》「安政以後の大阪学校」（『懐徳』第九号、一九三一年）によれば、学校預り人（事務長）の書斎の床の間に「古風な日本流の時計が二つ掛つて居て、いつもヂリヂリと校内に時を報じて居た」という。また、講堂内に新式のランプがあったことについて、「こんな時代に、此様な珍しい新式のランプを十五六も揃えて、此の舊式の講堂へ輸入したのは、全く父桐園の計ら」いであったと記す。つまり、理財に力を発揮した中井桐園《とうえん》の時代に、これらの器物が購入・設置されたことが分かり、この「木司令」が実際に活用されていたのは、その前の時代まではなかったかと推測される。

　いずれにしても、この木司令からは、喧噪にまみれた現代とは違って、静寂に包まれていた懐徳堂に、時を告げる乾いた音が響き渡っていた様子を想像することができる。

懐徳堂の教授は大阪の著名人だったか？

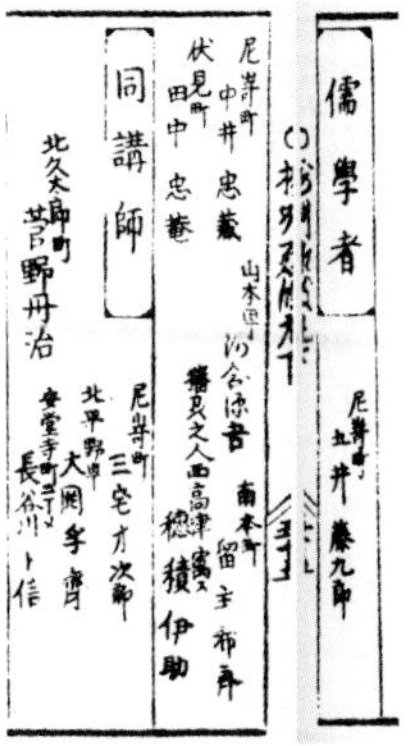

『難波丸綱目』延享五年（一七四八）版

　天明八年（一七八八）、時の老中・松平定信が来坂し、中井竹山に政治経済策を諮問した。このことからも分かるように、懐徳堂教授の名は全国にとどろいていた。

　幕末の頃の資料となるが、「浪華学者評判記《なにわがくしゃひょうばんき》」という興味深い資料がある。これは、大坂を中心とした学者たち二十九人を、それぞれ当時の役者たちに見立てて批評したものである。

　その筆頭に中井竹山があげられている。その批評は、「大極上上吉」で「どふ見ても当時引くるめての親玉」とあり、当時、竹山の名声が極めて高かったことがわかる。

　また、大坂の人物評判記「浪華風流月旦《なにわふうりゅうげったん》」は、儒者・書家・画家・俳人などを相撲の番付にまねて配列し、大阪の橋をその長短によってその人にあてた人物批評である。「月旦」とは、人物批評のこと。後漢の許劭《きょしょう》とそのいとこの許靖《きょせい》が、毎月一日（月旦）に郷里の人物を批評しあった故事（『後漢書』許劭伝）にちなむ。

　たとえば、嘉永六年（一八五三）版では、「行司」役として並河寒泉が京橋、中井桐園が御成橋としてあげられている。全体的に儒者が取り上げられる数が少ない中で、この二人が行司として、いわば別格扱いされていることは、懐徳堂が大坂にあって人々の尊敬を受けていたことをうかがわせる。

　さらに、『難波丸綱目』という大坂の人名録も興味深い。延享五年（一七四八）版では、「諸師芸術部」に「儒学者」として六名の名があがっているが、その筆頭は「尼崎町　五井藤九郎」（すなわち初期懐徳堂の助教を務めた五井蘭洲）、次いで「尼崎町　中井忠蔵」（すなわち第二代学主・中井甃庵）である。また同・安永六年（一七七七）版では「諸師芸術之部」に「儒学者詩学者」の項があり、筆頭は「尼崎一丁メ　三宅才次郎」（すなわち第三代学主・三宅春楼）、次いで「同丁　中井善太」（すなわち中井竹山）、「南本町二丁メ　同徳二」（すなわち中井履軒）の名があがっている。

懐徳堂の学問「朱子学」とは？

朱文公大書拓本（一部）

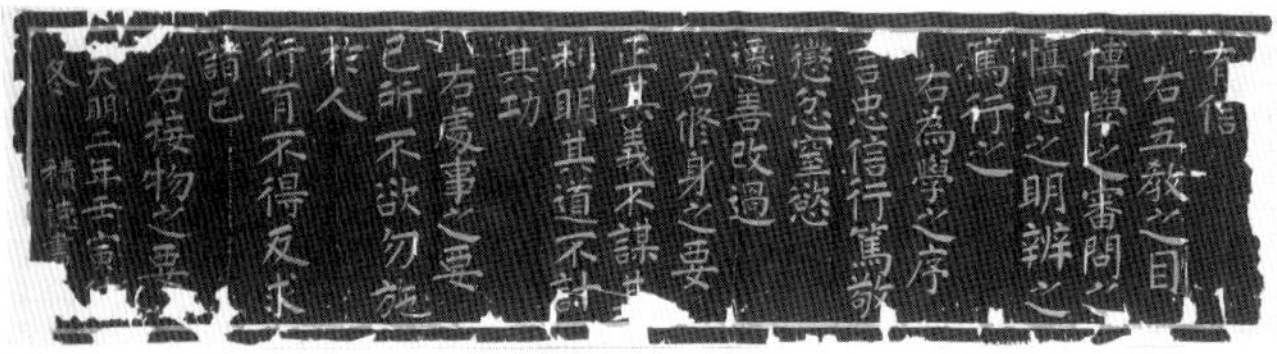

白鹿洞書院掲示拓本

宋六君子図（周敦頤の部）

朱子学とは、中国・宋代に興った新しい儒学（宋学）を集大成した、南宋の朱熹《しゅき》の学問を指す。それまでの儒教が五経《ごきょう》を中心として訓詁注釈を重んじたのに対して、朱熹は『四書集注《ししょしっちゅう》』を著し、『論語』『孟子』『大学』『中庸』の四書を中心とした「学んで聖人に至る」ことを目指す儒学を構築した。

朱子学は、朱熹の晩年には一時弾圧されたが、元代に科挙の標準的テキストとされ、以後六百年余り、中国における国家教学となった。また東アジア世界に伝わって大きな影響を与え、特に朝鮮半島においては李《り》朝《ちょう》の国家教学として中国以上に尊ばれた。日本には鎌倉時代に伝わり、後に江戸幕府の体制教学（官学）となった。

懐徳堂の学問は、三宅石庵の学が「鵺学《ぬえがく》」と称されたように、朱子学・陽明学など諸学の良い点を取り入れたとされるが、五井蘭洲・中井甃庵によって朱子学を根幹とする厳格な学風が定められた。

これを象徴する資料として、まず「朱文公大書拓本《しゅぶんこうたいしょたくほん》」がある。これは、朱子の書の摸刻を拓本にとったもので、全四幅。底本となった朱子の四行書は、徳川将軍家の所蔵品であったが、中井竹山がこれを借用し、大坂の篆刻家で竹山の門人でもあった前川虚舟《まえかわきょしゅう》が二枚四面の刻板に摸刻した。

本文には「読聖賢書」「立修斉志」「存忠孝心」「行仁義事」（聖賢の書を読み、修斉の志を立て、忠孝の心を存し、仁義の事を行う）とある。これは、人間が学問を修め実行に移す際の姿勢を、卑近な事柄から順を追って示したものである。まず「聖賢の書」すなわち儒家の経典を読み、ついで「修身斉家《しゅうしんせいか》（我が身をととのえ我が家をととのえる）」を行うという志を立て、また君・親に対して生まれつき持っている「忠孝の心」を失わず、最終的には「仁義の事」を実践する、という意味である。

また、朱子が定めた学生の心得を「白鹿洞学規《はくろくどうがっき》」または「白鹿洞書院掲示」というが、懐徳堂では、天明二年（一七八二）、中井竹山が第四代学主に就任した際、この学規を大きな板に刻んで講堂に掲示し、また中井履軒もこれを抄写して堂内に掲げたという。懐徳堂文庫には、その履軒抄写本の拓本が残されている。

さらに、懐徳堂には、「宋六君子図《そうろっくんしず》」という絵が残されている。これは、宋代の六人の学者、周敦頤《しゅうとんい》・程《てい》顥《こう》・程頤《ていい》・張載《ちょうさい》・司馬光《しばこう》・邵雍《しょうよう》に関する絵に、頼春水《らいしゅんすい》が賛《さん》をつけたものである。画材として特にこの六人が選ばれているのは、朱子がこの六人の絵に賛文を書いていることによる。もとは懐徳堂講堂の東側梁上に掲げられていた。

このように懐徳堂には、朱子学に関わる多くの器物類が残されている。

懐徳堂に立ち寄った著名人は？

懐徳堂は、知のネットワークの拠点であった。門下生や交流のあった知識人は数多い。

中でも、片山北海《かたやまほっかい》の主宰する文化サークル「混沌社《こんとんしゃ》」との関わりは親密であった。また、その混沌社を通じて親交を持った頼春水・頼山陽の父子、柴野栗山《しばのりつざん》・尾《び》藤二洲《とうじしゅう》・古賀精里《こがせいり》の「寛政の三博士」、画家の蔀関月《しとみかんげつ》・中井藍江《なかいらんこう》・谷文晁《たにぶんちょう》、中井家の出身地である龍野《たつの》藩の儒臣たち、寛政三奇人の一人高山彦九朗《たかやまひこくろう》、随筆『胆大小《たんだいしょう》心録《しんろく》』で懐徳堂を紹介した上田秋成、天文学・医学面で中井履軒と交流した麻田剛立《あさだごうりゅう》など、懐徳堂の交友関係は「漢学」「儒学」の枠を越えて全国に広がっている。

また、懐徳堂に学んだ門下生には、後にその近代的英知が高く評価された山片蟠桃、富永仲基、草間直方がいる。また、大塩の乱でおなじみの大塩平八郎も一時懐徳堂で学んでいる。

懐徳堂には、これら多くの文人に関する手紙・書のほか、谷文晁が懐徳堂に逗留した際に描いた「帰馬放牛図」という襖絵《ふすまえ》なども残されている。

懐徳堂の人たちは当時の外国事情をどの程度知っていたのか？

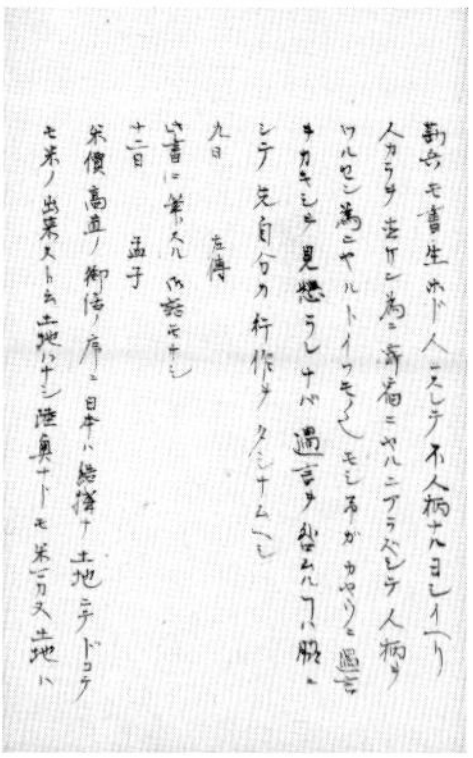

『懐徳堂夜話』

懐徳堂は、交通の要衝大坂の中心部に位置し、情報の集積地でもあった。大坂に立ち寄る文人は必ず懐徳堂を訪れたと言われている。

そこで、鎖国の時代ではありながら、外国の事情についても一定の理解があったようである。中井竹山は、松平定信に呈上した経世策『草茅危言《そうぼうきげん》』の中で、「外舶互市」「朝鮮」「琉球」「蝦夷」などの項目をもうけて独自の経営策を述べている。

また、懐徳堂において、夜の講義の後に語られた談義が、『懐徳堂夜話《やわ》』として残されている。天保七年（一八三六）九月二十二日から同十年十月二十二日までの記録である。

その中で、たとえば、天保八年六月十二日の夜講は『孟子』と記されているが、その後の夜話では米価高騰が話題となり、当時の懐徳堂教授・中井碩果《せきか》は「日本は結構な土地」でどこでも米ができるが、「オロシヤなどは、千里も通ふ間に米一粒も出来ざる土地あり。清土（中国）もそれ程にはなけれども、日本のやうにはなし」と述べている。

漠然とはしているが、懐徳堂の人々が外国の事情についても一定の情報を得ていたことが分かる。

懐徳堂と適塾には交渉があったのか？

右繪圖或ハ記録ヲアラシナルベシ、ハ桐園没後、懐徳堂舊藏ノ十
干書画中ノ両函ニ在リシガ、予ノ不在中右ノ内六個ヲ騙取セラレシ
コトアリシニ因リ、今家ニ存セズ、
○嘉永中ノ事変
嘉永七年九月十八日、魯西亜ノ軍艦ノ天保山沖ニ突入シテ
阪府騒擾シ、警備頗厳ナリシ時、桐園教授寒泉ト官命
ヲ奉ジテ文筆應接ノ職ニ當リシガ、事罷ミテ白銀五枚ヲ賜
ハリタリ、寒泉ノ拜恩志喜ニ詳ナリ、
○書院外ノ公務
文久中将軍家茂在府ノ時、命ヲ奉ジテ阪城ノ儒員ト為リ

『懐徳堂水哉館先哲遺事』。ディアナ号の来航が「嘉永中ノ事変」として記されている。

懐徳堂があった尼崎町一丁目（現在の大阪市中央区今橋三丁目）と、緒方洪庵《おがたこうあん》の適塾があった過書町（現在の北浜三丁目）とはわずか二百メートルほどしか離れていない。ただ、懐徳堂は伝統的な中国の古典を中心とする漢学塾、適塾はオランダ語を通じて最新の西洋近代科学を学ぼうとする蘭学塾であり、学問的にはまったく交流がなかった。

ところが、嘉永七年（一八五四）九月、ロシアの海軍中将プチャーチン率いる軍艦ディアナ号が大阪湾の天保山《てんぽうざん》沖に進入した際、この両者が不思議な出会いをしていた可能性がある。

異国船の来航について何の予告も受けていなかった大坂は大混乱に陥り、大坂城代、両町奉行はその対応に追われた。その当時、異国との交渉には第一外国語であるオランダ語が使われた。そこで、このロシア側との交渉に際しても、オランダ語に通じた適塾の塾生が動員されたのである。

一方、交渉には漢文による筆談も行われ、外交文書の内の一通は必ず漢文によって作成されることとなっていた。このディアナ号来航の際にも、懐徳堂の並河寒泉と中井桐園が、奉行所の命により、漢文による筆談に備えて天保山に詰めていたのである。

懐徳堂と適塾は、異国船の来坂という幕末の大事件に際して、実は天保山での出会いを果たしていたのである。

懐徳堂が閉校となった後、教授や書籍はどうなったのか？

明治二年（一八六九）、懐徳堂は閉校となり、最後の教授・並河寒泉《なみかわかんせん》と中井桐園《とうえん》は府下の本庄村（現在の大阪市北区本庄）に移った。

寒泉はそこでもなお、かつての門生を集めて「懐徳堂」の額を掲げ、しばらくは桐園とともに教授を続けたという。また、晩年わずかに残った髪で小さな髷を結い、断髪しなかったという。

さらに、寒泉は、私塾「寒濤廬《かんとうろ》」を開き、「寒濤廬定規条目」という学則を定めた。それは、旧懐徳堂の規定をほぼ継承するもので、寒泉が最後の力を振りしぼって懐徳堂精神の存続に努めていたことが分かる。

また、中井桐園も私塾「好徳学院《こうとくがくいん》」を開いた。寒泉とともに懐徳堂を退去した桐園は、明治六年（一八七三）まで本庄村で家塾を開いていたが、同年三月、江

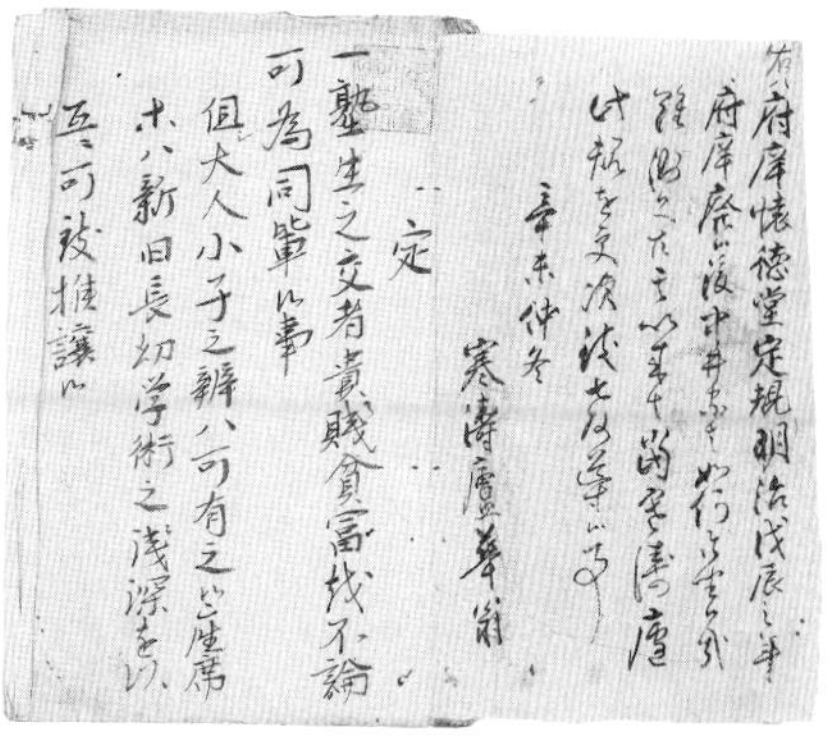

寒濤廬定規条目

南小学校の教師となり、老松町に転居。さらに江戸堀南通りに転居して、学校勤務のかたわら、好徳学院と称する私塾を開いたのである。

一方、書籍や資料については、閉校以前の懐徳堂の蔵書について知りうる資料として、「懐徳堂蔵書目《ぞうしょもく》」がある。これは、懐徳堂所有の全書籍の目録ではなく、塾生の閲覧に供していた図書のリストではないかと思われる。

蔵書は、四書五経の儒家の経典を中心に、諸子百家の書、歴史、文学、日本の儒者の著述などにも及び、しかも極めて充実したものであったことがうかがえる。蔵書中の明・清代の学者の著述は、輸入された中国の出版物が多数含まれているようであるが、これらは当時かなり高額なものであったことは間違いない。

これらは、中井桐園の子・木菟麻呂に継承され、これが後に再建された懐徳堂（重建懐徳堂）に寄贈され、さらに昭和二十年（一九四五）の戦災にも焼け残り、現在の「懐徳堂文庫」の根幹部分となったのである。

懐徳堂蔵書目

懐徳堂の跡地は今どうなっているのか？

懐徳堂旧阯碑

江戸時代の旧懐徳堂が閉校となった明治二年（一八六九）十二月二十五日、最後の教授並河寒泉は中井一家とともに学舎を退去した。その敷地・建物は、油掛町の質屋である天満屋善九郎に金三百両で売却された。

数年間は、元の形のままで空室となっていたが、その後、さらに譲渡されたことにより、門壁は取り壊されて長屋が建造され、講堂などの大きな部屋はそのままの形で借家に転用された。さらにその後、建物すべてが取り壊され、明治の末には煉瓦造りの建物が建造され、旧時の面影は失われた。

大正七年（一九一八）、重建懐徳堂の竣工を記念して、その跡地（現在の大阪市中央区今橋三丁目、日本生命本社ビル南側壁面）に懐徳堂旧阯碑《きゅうしひ》が埋め込まれた。

重建懐徳堂および平成の懐徳堂編

再建された懐徳堂の敷地面積は？

重建懐徳堂設計図

大正五年（一九一六）、懐徳堂は再建された。これを重建《ちょうけん》懐徳堂と呼ぶ。懐徳堂文庫には、その際の設計図いわゆる青焼きが残されている。図面には「大正四年九月　懐徳堂設計図　竹中工務店」とあり、数値は尺貫法で記入されている。

建物は縦二六m×横一六・四m、床面積四二五m²、（一二六坪）、その大半を占める「大講堂」は、玄関・車寄せから廊下を通った奥（東）に配置されており、「五拾八坪五合」、その廊下を挟む二つの「小講堂」はそれぞれ「十七坪五合」と記載されている。大講堂の奥（東）の両側の空間は、この設計図面では、各々「講師溜　八坪」「（内）玄関　土間」となっているが、後にこれらは「素読室」「物置」に改造された。また別棟の「事務所」は二階建てで床面積は「四間」×「三間半」（十四坪）。一階が「受付」「小使室」など、二階が「会議室」となっている。

敷地は、大阪府から府立大阪博物場の西北隅に当たる三六一坪が無償貸与された。

懐徳堂が再建されたのは、今のどこか？

西町奉行所跡

懐徳堂が再建されたのは、講堂敷地として府立大阪博物場の西北隅に当たる三六一坪の無償使用の許可を得て、懐徳堂重建の議が決定したことによる。この府立大阪博物場の西北隅とは、大阪市東区豊後町一九番地（現在の中央区本町橋、大坂西町奉行所跡）である。懐徳堂は、この東横堀川に面した公道に西向きに配置され、公道から門を入り、車寄せ、講堂、その左側（北）に別棟の事務所があったことが分かる。つまり、今の大阪商工会議所、マイドーム大阪のある場所である。江戸時代の懐徳堂があった尼崎町（今橋）からは、直線距離にして一㎞あまり南東の位置となる。

町人の学校として設立された江戸時代の懐徳堂が大正時代に再建された。その跡地に、商都大阪の象徴である大阪商工会議所が建っているのは、誠に不思議な機縁である。

マイドーム大阪

受講生の年齢層は？

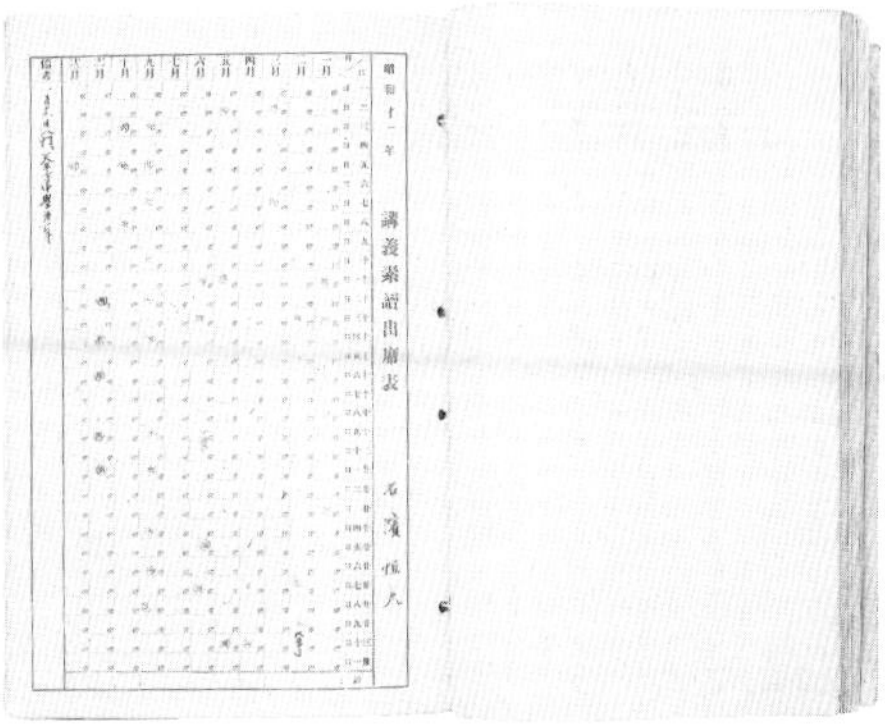

素読出席簿

重建懐徳堂の授業には、中国の古典と日本の古典を中心にした講義（平日の夕刻と日曜の午後の一週五回）、人文科学の高度な内容の定期講演（毎週土曜日）、一般教養的な通俗講演（月に一〜二回）、年少者を対象とする素読科（漢文入門コース、教師について古典を音読するのを主とする）などがあった。受講生の年齢層はさまざまである。

この内の素読科の出席簿（一部）が残っている。これは、昭和八年（一九三三）から昭和十一年（一九三六）まで、延べ七十六名分の出席状況を記したものである。

受講者ごとに一年間の出席状況が一枚の紙に記録されており、名簿の中には、東洋史学者石浜純太郎の長男で、作家・作詞家として著名な「石濱恒夫」（一九二三〜二〇〇四）などの名も見える。

氏名欄には、姓名のほか、「汎愛小四年」「天王寺扇町商業三年」「田中小学六年」「尋三」など、所属校や学年が記されているものもある。

また各日の出席状況は、「出」の朱印によって確認できるが、同時に、具体的なテキストの開始・終了の日には「易經」「易了」（『周易』を読み始めた、『周易』を読了した）、「中庸」「中庸了」（『中庸』を読み始めた、『中庸』を読了した）などとしてその旨が注記されたり、「是日教師病床」（この日は教授が病気のため休講）などとの記載も見える。

懐徳堂は空襲で焼失したのに大量の資料が残っているのはなぜ？

重建懐徳堂の書庫・研究室棟

大正五年（一九一六）に再建された懐徳堂は、その後、多少の増改築を経ている。大正十五年（一九二六）十月三十一日には、鉄筋コンクリート造り三階建ての書庫・研究室棟が増設された。

昭和二十年（一九四五）三月の大阪空襲により木造の講堂と別棟の事務所は焼失したが、この書庫・研究室棟は焼け残ったのである。

ただ、当時の大阪で、焼け残った蔵や鉄筋コンクリート造りの建物も、空襲後に突如炎上したケースがあったという。それは、高温となっている蔵や部屋を急に開き、そこに大量の空気が流入することによって起こる、いわゆるバックドラフト現象によって一気に燃え上がったものである。

懐徳堂には、このことに知恵の回る人がいて、充分な冷却時間をおいてから書庫を開いたため、書庫内の資料は災禍を免れたのである。当時、三万六千点に及ぶとされた懐徳堂の資料は、こうして奇跡的に守られたのである。

懐徳堂の展覧会は開かれたことがあるのか？

懐徳堂展覧会目録

懐徳堂アーカイブ講座

懐徳堂の展覧会は、まず懐徳堂復興の動きの中で開催された。明治四十四年（一九一一）十月一日～六日、府立大阪博物場美術館で開催された展覧会がそれである。その前年、西村天囚らの呼びかけで懐徳堂を顕彰する懐徳堂記念会が設立され、翌四十四年には、懐徳堂の儒者たちを顕彰する記念式典を挙行し、貴重書の復刻刊行を行うなど積極的な顕彰活動が行われた。

次に、昭和二十年（一九四五）の空襲で懐徳堂が焼失してから約十年の後、懐徳堂を回顧する展覧会が開かれた。昭和三十一年（一九五六）九月二十七日～十月二日、大阪駅前の阪急百貨店で開催された特別展「懐徳堂回顧展」がそれである。戦後、この種の学術的展覧会が大阪のデパートで開催されたのは初めてのことであった。会場入口の説明掲示板には、「大阪人の誇り、懐徳堂」と記されていた。

その他、近年の展覧会としては、昭和六十一年（一九八六）三月十一日～四月十七日に、大阪市立博物館（現・大阪歴史博物館）で開催された第一〇三回特別展「懐徳堂」（主催＝大阪市立博物館・（財）懐徳堂記念会・懐徳堂友の会、後援＝大阪大学）があり、その図録が『懐徳堂―近世大阪の学校―』として公刊された。また、平成十二年（二〇〇〇）三月十一日～四月十六日に、兵庫県龍野市の龍野市立歴史文化資料館で、特別展「龍野と懐徳堂―学問交流と藩政―」（主催＝龍野市教育委員会、共催＝（財）懐徳堂記念会・大阪大学大学院文学研究科・文学部）が開催された。その解説図録が『龍野と懐徳堂』として刊行されている。

なお、平成十五年（二〇〇三）から、懐徳堂記念会と大阪大学文学研究科では、懐徳堂の貴重資料やデジタルコンテンツを展示解説する体験型講座「懐徳堂アーカイブ講座」を開いている。規模は小さいながら、平成における懐徳堂展覧会の復活である。

懐徳堂の蔵書・器物は今どうなっているのか？

懐徳堂文庫内見取り図

昭和二十四年（一九四九）に大阪大学に一括寄贈された懐徳堂の資料は、「懐徳堂文庫」と命名され、大阪大学での調査が始まった。

ただ当時は、まだ附属図書館の建物がなかったため、資料は、文学部の関係研究室などに分散して収蔵された。昭和三十年代に入り、図書館が竣工、その後も徐々に書庫棟が増設され、懐徳堂文庫は書庫棟に移設された。その間、関係者からの寄贈、懐徳堂記念会の購入などにより、資料点数は増加し、現在は約五万点となっている。

資料調査の様子

平成十三年（二〇〇一）

八月、懐徳堂文庫資料は、附属図書館の旧館書庫棟から新館の貴重図書室に総合移転された。現在は、この新館六階貴重図書室に書籍・器物とも収蔵され、整理・調査が続けられている。

懐徳堂事業は今どのような人たちが支えているのか？

（財）懐徳堂記念会は、法人賛助会員、個人賛助会員、普通会員によって構成されている。この内、財政面で強力な支援を行っているのが、在阪有力企業を中心とする法人賛助会員である。

もともと江戸時代の懐徳堂は、大坂の五人の有力町人によって設立され、その運営も同志会という町人たちによって行われていた。また、大正時代の重建懐徳堂も、当時の政財界・言論界をあげて復興に取り組んだ結果、再建を果たしたものである。

古代ローマの高官マエケナス（メセナス）は、芸術家を厚く庇護した人として著名である。そこから、芸術・文化活動の支援や擁護の活動は「メセナ」と呼ばれている。かつての大坂町人、現在の懐徳堂記念会員の支援は、ともに典型的なメセナ活動である。

懐徳堂記念会に入会するとどのような特典があるのか？

懐徳堂記念会は、会員の会費によって運営する財団法人である。記念会のパンフレットによれば、会員特典と入会方法は次の通りである。

◆会員特典
・会報『記念会だより』を年三回（一・四・九月）お届けします。
・機関誌『懐徳』を年一回お届けいたします。
・懐徳堂古典講座受講料が割引されます。
・懐徳堂記念会の主催する行事に割引にて優先的に参加できます。
・懐徳堂記念会刊行物の優待頒布が受けられます。
・研究出版助成に応募できます。

◆入会方法（下記のいずれでも結構です）
・Ｔｅｌ／Ｆａｘ　懐徳堂記念会事務局（〇六・六八四三・四八三〇）まで。
・E-mail : kaitokudo@let.osaka-u.ac.jp
・記念会ＨＰの送信フォーム http://www.let.osaka-u.ac.jp/kaitokudo
・お葉書・懐徳堂記念会事務局宛（〒五六〇―八五三二 豊中市待兼山町一―五大阪大学文学部内）にお送り下さい。

インターネットで懐徳堂を調べることはできるのか？

ＷＥＢ懐徳堂

電子情報化の時代を迎え、懐徳堂もインターネットを通じた情報の提供を積極的に行っている。

まず、懐徳堂事業の母体である（財）懐徳堂記念会については、懐徳堂記念会ＨＰ（http://www.aianet.ne.jp/~kaitoku/）、懐徳堂の研究については、総合研究サイト「ＷＥＢ懐徳堂」（http://kaitokudo.jp/）がある。ここでは、懐徳堂資料の全容を検索できる「懐徳堂文庫電子図書目録」や貴重資料の画像・解説を掲載した「貴重資料データベース」がある。

この他、大阪大学内のサイトとして、附属図書館の「懐徳堂電子展示」（http://www.library.osaka-u.ac.jp/tenji/kaitokudo/kaitoku.htm）では、主な資料の画像を紹介し、また、文学研究科の懐徳堂センターＨＰ（http://www.let.osaka-u.ac.jp/kaitoku-c/）では、懐徳堂を中心とする資料の調査・研究情報を提供し、大阪大学中国哲学研究室ＨＰ（http://www.let.osaka-u.ac.jp/chutetsu/）の「懐徳堂と中国古典の世界」では、懐徳堂の基本精神を中国古典との関わりから解説している。

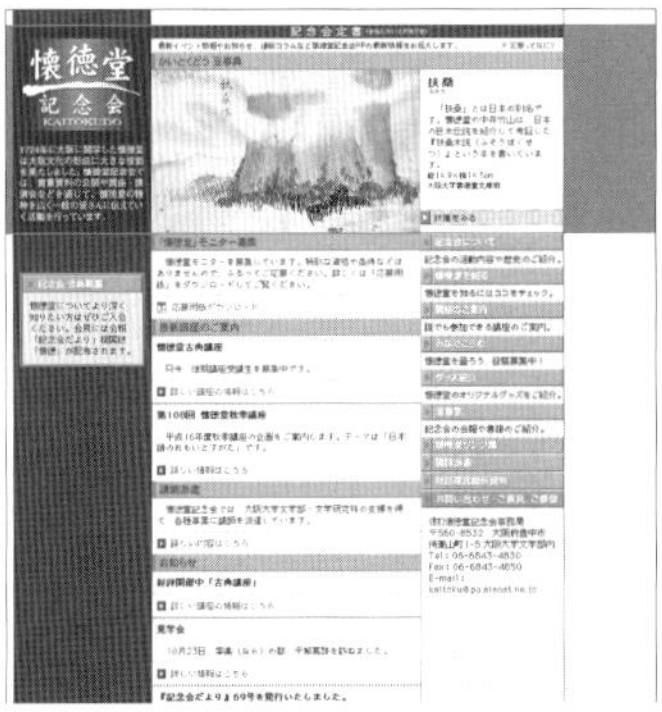

懐徳堂記念会HP

懐徳堂は現代社会にとってどのような意義があるのか？

バーチャル懐徳堂の公開

懐徳堂は、大坂町人によって創設され、市民の学校として開放された。また、朱子学という道徳性の高い学問を基盤としながらも、従来の通説に甘んじることなく、独創的な研究を展開していった。こうした懐徳堂の精神は、現代の社会および今の学校教育を考える際にも、重要な指針となるであろう。

（財）懐徳堂記念会と大阪大学では、公開講座などの事業を通じて、懐徳堂精神の顕彰に努めている。月一回、中国・日本の古典を精読する「古典講座」、毎年春と秋に行う「春秋講座」、懐徳堂の貴重資料とデジタルコンテンツを展示解説する「アーカイブ講座」など、精力的な活動が続けられている。

こうした活動は、新聞・ラジオ・テレビなどで取り上げられる機会も多くなり、懐徳堂の知名度は徐々に上がってきている。